足球体能训练丛书 2

足球体能测试

〔丹麦〕延斯·邦斯博 麦格尼·莫尔 著
张　阳 译
中国足球协会 审定

人民体育出版社

图书在版编目（CIP）数据

足球体能测试 /（丹）延斯·邦斯博(Jens Bangsbo)，(丹)麦格尼·莫尔(Magni Mohr) 著;张阳译. -- 北京：人民体育出版社, 2021

（足球体能训练丛书；2）

书名原文：Fitness Testing in Football

ISBN 978-7-5009-5902-1

Ⅰ.①足… Ⅱ.①延…②麦…③张… Ⅲ.①足球运动—体能—身体训练 Ⅳ.①G843.2

中国版本图书馆 CIP 数据核字（2020）第236764号

*

人民体育出版社出版发行
北京中科印刷有限公司印刷
新 华 书 店 经 销

*

710×1000　16开本　9.25印张　151千字
2021年3月第1版　2021年3月第1次印刷
印数：1—3,000册

*

ISBN 978-7-5009-5902-1
定价：51.00元

社址：北京市东城区体育馆路8号（天坛公园东门）
电话：67151482（发行部）　　邮编：100061
传真：67151483　　　　　　　邮购：67118491
网址：www.sportspublish.cn

（购买本社图书，如遇有缺损页可与邮购部联系）

编译委员会

策划：李飞宇

审定：中国足球协会

译者：张　阳

译审：曹晓东

足球体能训练丛书序

体能是运动员竞技表现能力的重要基础。强化体能训练不仅可以提高运动员的身体素质，为能征善战奠定坚实基础，而且更能够锤炼运动员意志品质，锻造顽强拼搏、永不言败的优良作风。

中国足协已经注意到，科学地进行体能训练，是当今世界足球强队保持和提高竞争力的重要方法。过去我们的教练员培养体系存在较大短板，各级专业队伍的复合型保障团队建设滞后，很难实现训练的科学性，特别是体能训练在球队资源配置中还没有起到重要的基础性作用，专业的体能教练、康复人才以及队医等也都十分短缺。

长期"欠债"所造成的基础体能薄弱、专项体能不强的问题，制约着中国足球决胜赛场的能力提升和实力发挥。这既是巨大的挑战，也是努力的方向。我们必须快速地学习先进的理念和方法，必须依靠自己的能力才能在日益激烈的竞争中站住脚。所以，为了中国足球的成功，我们现在就要下决心、想办法提高自己全方位的竞争力，不能有短板。这就需要研究怎样提高球队的系统竞争力；研究怎样科学地实现技术、战术、体能和心理一体化训练；研究怎样更好地预防伤病和减少运动损伤，持续提升竞技能力并延长运动寿命；研究怎样利用大数据、人工智能、混合现实、生物技术等先进的科技来为足球赋能，通过科技帮助中国足球实现弯道超车。

足球竞技能力的提升是一个复杂系统。训练理念、训练知识要转化成教练员执教能力、球队收获训练成果，还需要一个转化过程，需要在实践中反复检验和快速迭代。我们的教练员都应该有开放、好奇的心态，努力成为一名足球领域的终身学习者，坚持做到知行合一。

这套丛书是一个工具套装，是亚足联C、B、A级和职业级教练员的培训指定教材。作者延斯·邦斯博和麦格尼·莫尔都是国际上享有声誉的运动与训练科学专家，他们通过这套丛书带来了当前国际足球体能训练、足球运动营养、足球运动生理学领域的先进理论和丰富实践经验的总结。中国足协推荐这套丛书的主要目的，就是要为各级教练员提升科学训练水平赋能，这样才能打造体能强健、技艺精湛、作风顽强、能打硬仗、为国争光的各级国家足球队，实现足球振兴的目标。

我相信，这套丛书将成为各级教练员必备的执教工具，广大的球员也将因此收获更卓越的竞技表现和更好的健康发展，正所谓"工欲善其事，必先利其器"。

体能筑基，科技强足。衷心祝愿大家学以致用，洋为中用，为中国足球培育更多的精英人才！

中国足球协会秘书长

2020年9月11日

前　言

通过在丹麦国家队及像尤文图斯和切尔西这样的顶级俱乐部的工作，我们发现采用体能测试方法评估球员是一种非常有效的工具。它使我们可以对训练计划做出调整并为球队中的个别球员制定专项训练计划。然而，测试并不只是针对于优秀运动员。

不论球员的年龄和水平，所有的球员均能从评估中获益。体能测试会使球员更好地了解自身的能力并认识到应从哪些方面得到改善。球员通常会有动力完成更多的训练，并努力通过刻苦的训练来获得更好的竞技表现。足球运动的测试应在足球场地上完成，本书介绍了一系列的简单易行且辅以有限的器材及时间投入的测试方法。举例来说，在Yo-Yo间歇性恢复能力测试中，可以利用10分钟时间及一个CD播放器对30名球员进行测试。足球运动中的体能需求是高爆发力的单个动作的串联集合。例如，完成一次射门的过程，同样还要具备能够坚持到比赛结束所需的耐力素质。本书展示了对足球运动员至关重要的体能各方面测试的方法并针对不同年龄组球员应具备的身体能力提供指导。总之，测试方法简单、有效，因此只要践行就好。

延斯·邦斯博　麦格尼·莫尔

目 录

1. 引言 ……………………………………………………（1）

2. 体能测试要求 …………………………………………（3）

3. 测试项目概述 …………………………………………（5）

4. 间歇性耐力测试 ………………………………………（7）

    Yo-Yo间歇性耐力测试
    一种足球专项耐力测试……………………………（10）
    生理反应……………………………………………（15）
    测试结果解释………………………………………（16）
    最大摄氧量测定……………………………………（20）
    专项位置……………………………………………（21）
    青少年球员…………………………………………（22）
    赛季变化……………………………………………（23）
    总结…………………………………………………（24）

5. 高强度间歇运动能力测试……………………………（25）

    Yo-Yo间歇性恢复测试
    足球专项反复高强度运动能力测试………………（28）

生理反应……………………………………（34）
测试结果解释………………………………（36）
专项位置……………………………………（40）
青少年球员…………………………………（42）
赛季变化……………………………………（44）
总结…………………………………………（47）

6. 最大心率的测定　　　　　　　　　　　（49）

递增场地测试………………………………（50）
总结…………………………………………（51）

7. 非力竭性耐力测试　　　　　　　　　　（53）

非力竭性Yo-Yo IE与Yo-Yo IR1耐力测试…（54）
非力竭性测试指导…………………………（55）
生理反应……………………………………（56）
非力竭性Yo-Yo IE1和IE2测试结果解释…（57）
非力竭性Yo-Yo IR1测试结果解释…………（58）
专项位置……………………………………（58）
赛季变化……………………………………（59）
总结…………………………………………（61）

8. 速度测试　　　　　　　　　　　　　　（63）

冲刺测试准备………………………………（70）
热身…………………………………………（70）
直线冲刺能力………………………………（71）

直线冲刺测试……………………………………………（72）

　　生理反应…………………………………………………（74）

　　测试结果解释……………………………………………（75）

　　专项位置…………………………………………………（77）

　　青少年球员………………………………………………（77）

　　赛季变化…………………………………………………（78）

　　变向冲刺测试……………………………………………（79）

　　测试结果解释……………………………………………（80）

　　专项位置…………………………………………………（81）

　　创造性速度测试…………………………………………（82）

　　热身………………………………………………………（83）

　　测试结果解释……………………………………………（84）

　　总结………………………………………………………（84）

9. 灵敏测试……………………………………………（85）

　　箭头灵敏性测试…………………………………………（85）

　　热身………………………………………………………（86）

　　测试结果解释……………………………………………（86）

　　有球的协调性……………………………………………（88）

　　短距离运球测试…………………………………………（89）

　　热身………………………………………………………（90）

　　测试结果解释……………………………………………（90）

　　总结………………………………………………………（90）

10. 爆发力与力量测试……………………………（91）

　　下蹲跳测试………………………………………………（92）

跳跃测试热身活动 …………………………………（94）

测试结果解释 …………………………………………（94）

专项位置 ………………………………………………（96）

青少年球员 ……………………………………………（97）

赛季变化 ………………………………………………（98）

重复跳跃能力 …………………………………………（99）

5连跳测试 ……………………………………………（99）

热身 ……………………………………………………（99）

测试结果解释 …………………………………………（100）

腿部力量测试 …………………………………………（101）

深蹲测试 ………………………………………………（102）

热身 ……………………………………………………（104）

测试结果解释 …………………………………………（104）

力量与协调能力缺失评估 ……………………………（105）

专项位置 ………………………………………………（106）

赛季变化 ………………………………………………（107）

上肢力量测试 …………………………………………（108）

卧推测试 ………………………………………………（109）

热身 ……………………………………………………（109）

测试结果解释 …………………………………………（110）

总结 ……………………………………………………（111）

11. 平衡测试 …………………………………………（112）

平衡板测试 ……………………………………………（112）

热身 ……………………………………………………（113）

测试结果解释 …………………………………………（113）

总结 …………………………………………………………（114）

12. 室内五人制足球 …………………………………………（115）

　　室内五人制足球测试 ………………………………………（117）
　　总结 …………………………………………………………（117）

13. 体能测试计划 ……………………………………………（119）

　　准备期 ………………………………………………………（119）
　　赛季中 ………………………………………………………（120）
　　赛季间歇期 …………………………………………………（122）
　　个体测试 ……………………………………………………（124）
　　青少年球员的发展 …………………………………………（124）
　　总结 …………………………………………………………（124）

参考文献与推荐阅读 …………………………………………（125）

专有名词中英文对照 …………………………………………（128）

比赛中的激烈运动。

1. 引言

足球运动员所需要的竞技能力是复杂的,其包括技术、战术、心理及生理因素。然而,教练员可以通过有目的的、高质量的测试了解球员的能力。近年来,教练员对于体能测试的兴趣以及意识明显增强。但对教练员来讲,重要的是明白每名球员的个人需求,以及就体能而言应该对哪些方面进行评估。足球运动中体能表现的内容主要可以分为6个主要方面:耐力、反复高强度运动能力、冲刺能力、爆发力、灵敏及平衡(图1-1)。本书将逐一介绍有关这些能力方面的测试。此外,高水平球员的测试结果与他们的专项位置、性别及年龄相关,测试中应具体掌握和运用这些信息。

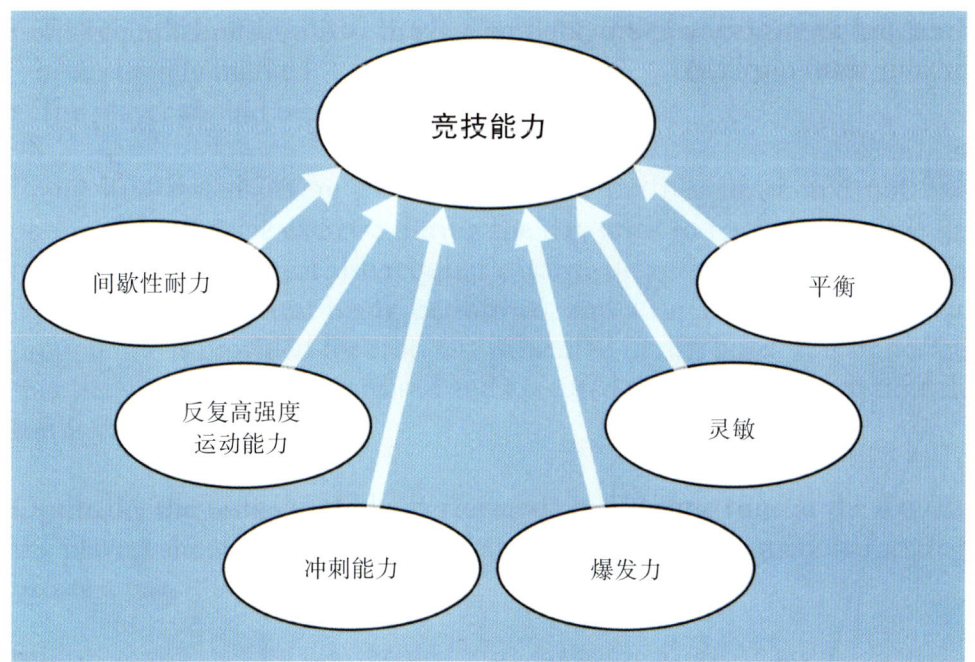

图1-1

足球运动员的体能素质构成。

教练员在测试前需要明确测试的目的。测试的目的如下：

- 了解训练计划的效果；
- 激励球员刻苦训练；
- 给予球员客观的反馈；
- 为球员建立一个体能数据曲线；
- 使球员对训练目的认识更清晰；
- 对球员是否可以进行比赛进行评估；
- 制订短期和长期训练计划。

为了实现这些目的，重要的是测试方法要与足球运动的特征相关并符合比赛的体能要求。由于影响比赛的因素很多，教练员需要清楚测试并不能预测球员在比赛中的实际表现。不过，采用本书中的几种测试会发现这些方法结合了比赛中不同类型的体能表现。这也就证实了这些方法是足球专项的测试方法。书中介绍了简单易行且尽可能减少器材花销的测试方法。

首先要阐述的是关于如何进行测试与一些基本要点，以便于为球队或球员找到最佳的测试方法。

2. 体能测试要求

当测试在室外进行时，场地和天气条件等因素可能会对测试的结果产生影响。如果需要重复进行测试，应确保场地和天气条件的一致性。利用人造草皮进行测试，一般可以减少测试过程中的变数。尽管一些贴近比赛特点的测试通常不运用这种测试方法，但是为了消除测试条件的差异，测试可以在室内进行。

为了得到可靠的测试结果，测试组织者始终要确保如下要素的落实：

- 球员应该精神饱满；
- 球员应该充分热身；
- 球员应在如何完成测试上得到清晰的指导；
- 在测试结果被认为生效之前，都应该经历过至少一次预测；
- 测试器材性能良好，测试区域标志明确；
- 球员应清楚测试的目的。

测试前的良好休息，意味着球员在测试前一天或测试当天不应进行高强度练习。体能测试同样需要热身阶段。热身的方式取决于测试的内容，本书为每一种测试方法提供了参考性的热身活动。重要的是每次测试时，热身活动和执行方式需要保持一致。

理想的状况下，测试应该在当天的同一时间进行，球员在测试前应进行良好的补液及相同的营养膳食安排。

通常第一次的测试结果不能作为最终成绩记录，这是因为球员即使得到了良好的指导，但仍然会对测试要求产生不适应。

在比赛激烈运动中,队员对球的控制能力是非常重要的。

3. 测试项目概述

表3-1呈现给读者的是体能测试项目概述，以及对于不同测试组所使用的测试方法。

表3-1 依据测试目的和目标组选择测试项目

测试目的	测试项目选择	
间歇性耐力	Yo-Yo间歇性耐力测试	
高强度间歇性练习能力	Yo-Yo间歇性恢复测试	
最大心率	递增场地测试	
非力竭性测试	Yo-Yo IE或Yo-Yo IR测试	
冲刺能力	直线冲刺，变向冲刺与创造性速度测试	
反复冲刺能力	直线冲刺与变向冲刺测试	
灵敏	箭头灵敏性测试；短距离运球测试	
爆发力量	下蹲跳测试；五连跳测试	
力量	下蹲测试；卧推测试	
平衡	杠杆平衡测试	
五人制足球		
男子	间歇性耐力	高强度间歇能力
接受良好训练	Yo-Yo IE2；非力竭性Yo-Yo IE2	Yo-Yo IR2
接受一般训练	Yo-Yo IE2；非力竭性Yo-Yo IE2	Yo-Yo IR1
接受业余训练	Yo-Yo IE1；非力竭性Yo-Yo IR1	Yo-Yo IR1
青少年（12~16岁）	Yo-Yo IE1*；非力竭性Yo-Yo IR1	Yo-Yo IR1
男孩（8~12岁）	Yo-Yo IE1；非力竭性Yo-Yo IE1	Yo-Yo IE2

(续表)

女子	间歇性耐力	强度间歇能力
接受良好训练	Yo-Yo IE2；非力竭性Yo-Yo IE2	Yo-Yo IR2
接受一般训练	Yo-Yo IE1**非力竭性Yo-Yo IE1	Yo-Yo IR1**
接受业余训练	Yo-Yo IE1；非力竭性Yo-Yo IE1	Yo-Yo IR1
青少年（12~16岁）	Yo-Yo IE1；非力竭性Yo-Yo IE1	Yo-Yo IR1
女孩（8~12岁）	Yo-Yo IE1；非力竭性Yo-Yo IE1	Yo-Yo IR1

*14岁以上接受过良好训练的球员采用Yo-Yo IE2方法进行测试。

**一些接受过一般训练的女子球员可以采用Yo-Yo IE2和Yo-Yo IR2方法进行测试。

依据性别、年龄和竞赛水平来选择测试。接受过中等水平训练的球员和青少年队员，建议使用Yo-Yo IE1测试进行足球耐力评估，利用Yo-Yo IR1对高强度足球竞技能力进行测试。接受过高水平训练的球员应该使用Yo-Yo IE2作为耐力素质的测试方法，以及利用Yo-Yo IR1进行高强度间歇能力的测试。女子球员可以使用Yo-Yo IR1作为强度测试方法，因为女子球员一般比男子球员的体能需求更低。

如果接受过一般训练的球员和青少年球员选择非力竭性测试，可以采用次最大强度的Yo-Yo IE1进行测试，高水平球员采用次最大强度的Yo-Yo IE2或Yo-Yo IR2测试。

编者注：①Yo-Yo IR1/Yo-Yo IR2，是英文（Yo-Yo Intermittent Recovery Level1；Yo-Yo Intermittent Recovery Level2）专有名词缩略语。翻译成中文为Yo-Yo间歇性恢复水平1；Yo-Yo间歇性恢复水平2。

②Yo-Yo IE1/Yo-Yo IE2，是英文（Yo-Yo Intermittent Endurance Level1；Yo-Yo Intermittent Level2）专有名词缩略语。翻译成中文为Yo-Yo间歇性耐力水平1；Yo-Yo间歇性耐力水平2。

4. 间歇性耐力测试

足球是一个反复冲刺类的运动项目，但由于比赛的持续时间及有限的替换名额，足球运动员同样需要良好的耐力。足球比赛的运动形式可以由比赛分析得以界定。有几种方式可以准确地记录比赛的行动，如多维摄像系统和全球定位系统（GPS）。男女顶级球员和次优秀球员在一场比赛中的移动距离为9～14公里，其中5～8公里为跑动距离。图4-1为西班牙国家队在一场比赛中以15分钟为时段的运动总距离。从图中可以清晰地看到，在比赛的最后15分钟内由于疲劳的产生，高强度的跑动比率下降。这可通过比赛尾声冲刺能力的下降得以证明。此外，在比赛中球员也需要不断地变换运动形式，这种活动方式也会对能量系统提出额外的要求。比赛中的平均心率可以达到最大心率的75%～80%，同时最大摄氧量达到70%～75%（图4-2），可见比赛中的能量需求是很高的。因此，球员的耐力素质在足球比赛中是至关重要的，为了了解运动员的抗疲劳能力，进行耐力素质的测试很有实用价值。

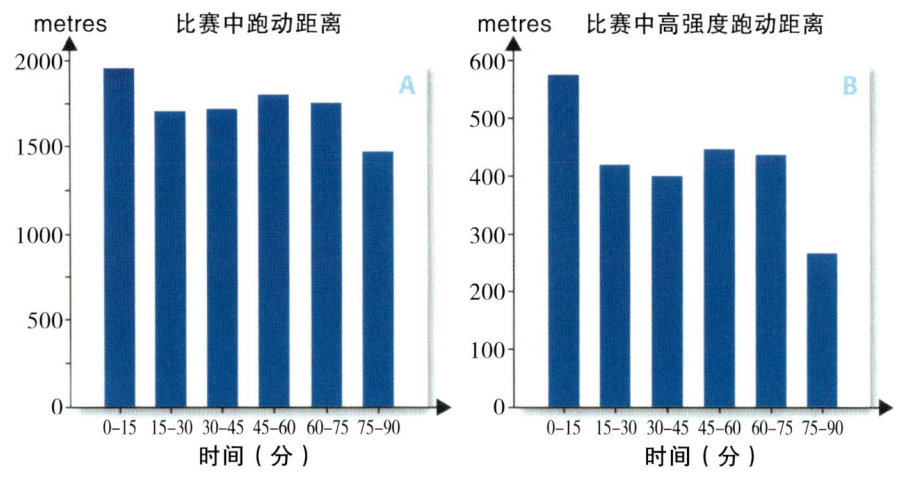

图4-1

A图显示了西班牙国家队比赛的全部跑动距离，B图显示了比赛高强度跑动距离。跑动距离以15分钟为时段进行统计。值得注意的是，球员在最后15分钟内运动能力明显下降。

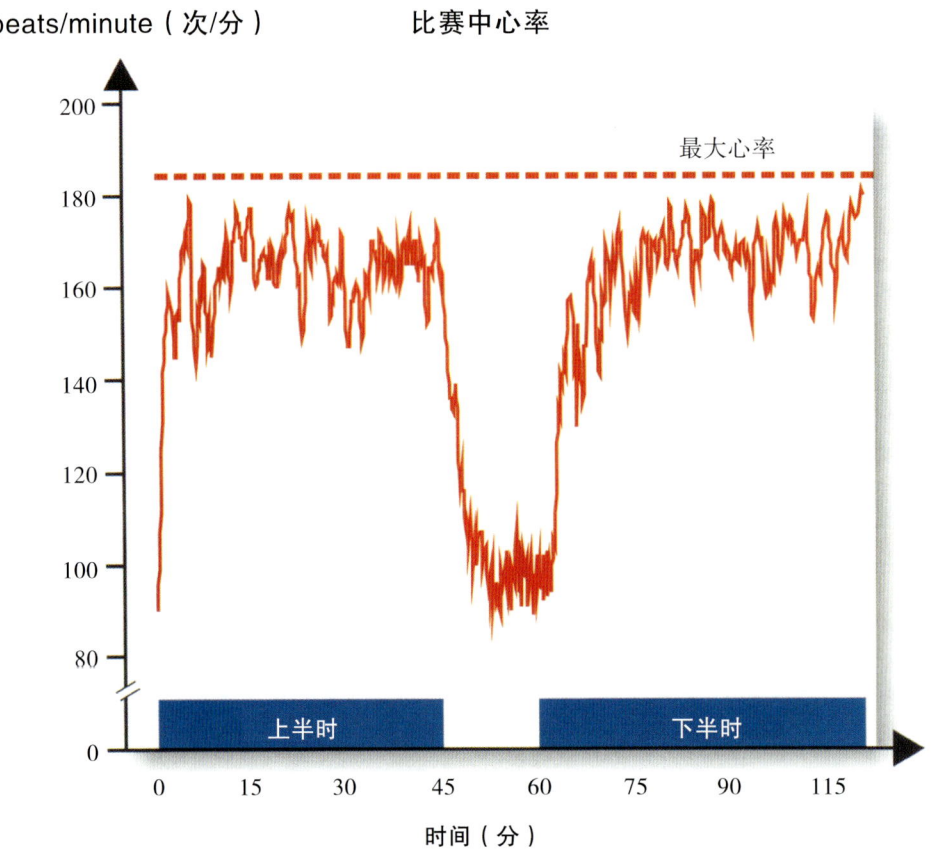

图4-2

球员在比赛中的心率变化。由于比赛具有间歇性的特征,心率在整场比赛中的变化是多样的。虚线标明了球员在比赛中的最大心率。

传统意义上来说,运动科学工作者以应用最大摄氧量测定球员的耐力素质。然而,最大摄氧量并不能为球员的足球专项耐力素质提供准确的判定。此外,对于整个赛季中球员竞技表现的变化来说,这也不是一个很敏感的测试方法,球员竞技状态发生了明显变化,但测试值却变化不大。举例来说,几项研究已经表明,在准备期的最大摄氧量确定值上没有或少有变化,但在Yo-Yo间歇性耐力(Yo-Yo IE)测试中已经发生明显的改变(图4-3)。

4. 间歇性耐力测试

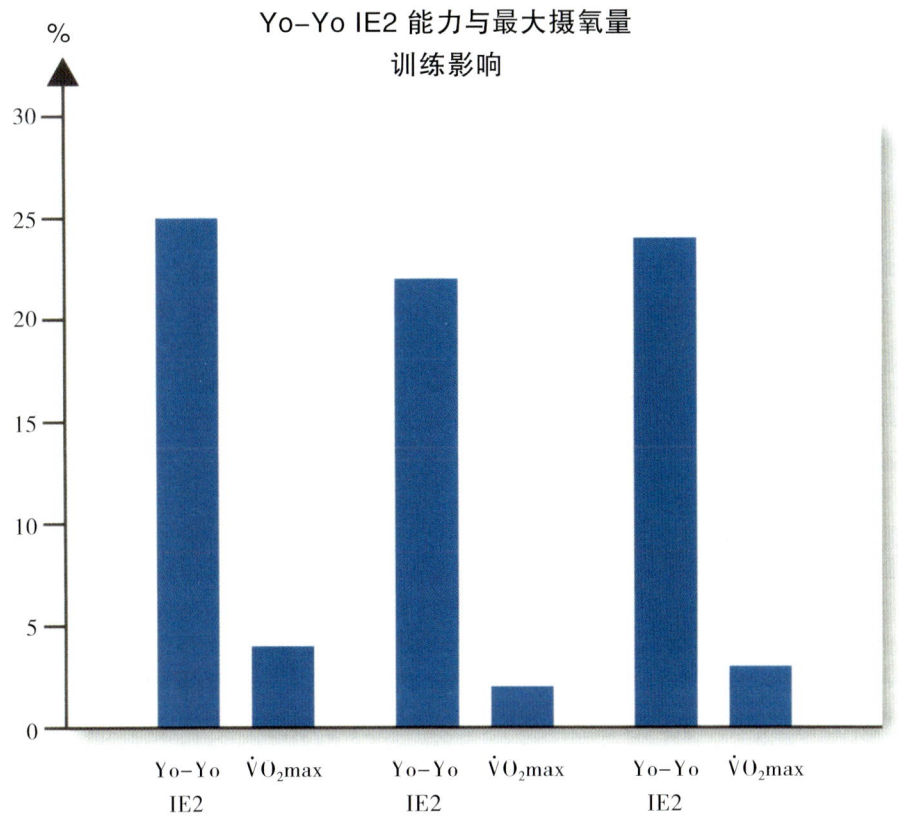

图4-3

在准备期3支顶级球队Yo-Yo IE2能力和最大摄氧量能力上的变化。非常明显，球员Yo-Yo IE2能力测试值比最大摄氧量能力提高得多，Yo-Yo IE2能力测试结果在足球竞技表现的变化上呈现出更好的训练效果。

　　此外针对澳大利亚球员的科学研究已经证明，主力球员（首发）的Yo-Yo间歇能力高于非主力球员（替补），但是在最大摄氧量方面并无差异（图4-4）。因此，我们应该采用足球专项间歇性测试来评估球员的耐力素质，例如Yo-Yo IE测试。Yo-Yo IE2能力与跑动距离密切关联（见下文），Yo-Yo测试的结果对于球员在比赛中的耐力素质评定来说能够提供准确的信息。

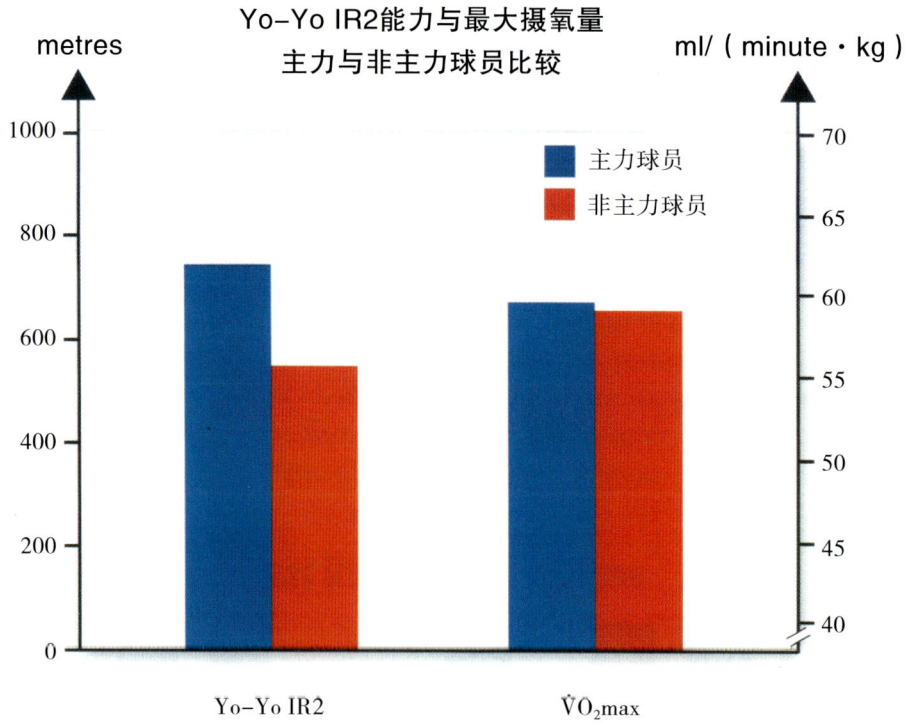

图4-4

图为澳大利亚足球队主力与非主力队员在Yo-Yo IR2与最大摄氧量上的情况。值得注意的是，主力队员在Yo-Yo IR2测试的表现上明显好于非主力队员，而最大摄氧量的情况两组结果相同，这就说明Yo-Yo IR2测试更能反映球员的质量。

下面关于Yo-Yo间歇性耐力测试的描述包含如何进行测试指导，测试所导致的生理反应，不同位置上高水平球员的测试结果，如何对测试结果进行评价，如何从测试中确定最大摄氧量，以及在整个赛季中竞技能力是如何发生变化的。

Yo-Yo 间歇性耐力测试
一种足球专项耐力测试

目的：通过Yo-Yo间歇性耐力（Yo-Yo IE）测试，对球员在长时间内的重

4. 间歇性耐力测试

复间歇跑能力进行评估。

器材：测试说明及测试信号由CD播放器提供（参见www.bangsbosport.com）。准备好CD播放器、卷尺、3个标志物等。标志盘或标志线，一块秒表及一支铅笔也是必备的。

场地：2个标志物相距20米，第三个标志物置于"起点"标志物后2.5米处（图4-5）。如果几名球员同时进行测试，测试线路应相互平行而置，间隔约2米。

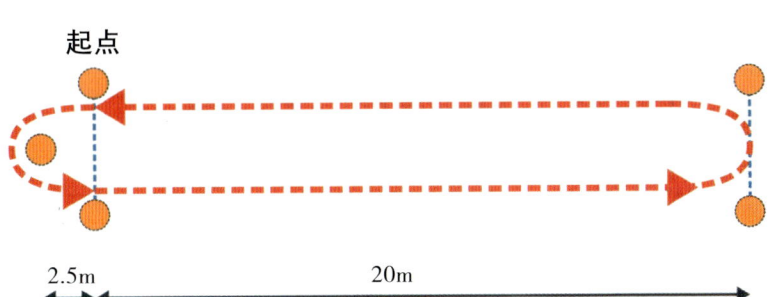

图4-5

Yo-Yo IE测试路径。

说明：Yo-Yo IE测试持续时间为5~20分钟，5~20秒跑动穿插5秒的休息时间。CD播放器将依据Yo-Yo测试包提供如何进行测试并发出信号控制速度。简单地说，球员以一定的速度向前跑动20米，在信号响起时抵达20米的标志物处。球员在20米折返线处转身，需要在下一个信号响起前返回起点处。然后球员有5秒的时间围绕起点线后2.5米处的第三个标志物进行慢跑恢复。如果一名球员跑得太快，他/她必须在标志物处等待下一信号响起。建议球员在转身时利用左右脚的转换以避免一侧用力过多。测试不断地重复直到无法在两声信号间按时完成折返跑。第一次未能到达起点给予警告（黄牌），第二次测试还未到，则测试结束，取消资格（红牌）。球员最后的跑动间歇并不计算在测试记录中，测试结果以测试过程中的全部跑动距离进行表述（表4-1、表4-2）。

表4-1 Yo-Yo间歇性耐力测试-水平1/中速度水平，可以用跑动距离（米）作为测试结果

Yo-Yo 间歇性耐力测试-水平1

速度水平 间歇/距离（米）

速度水平								
1	1 40	2 80						
3	1 120	2 160						
5	1 200	2 240						
6	1 280	2 320	3 360	4 400	5 440	6 480	7 520	8 560
6.5	1 600	2 640	3 680	4 720	5 760	6 800	7 840	8 880
7	1 920	2 960	3 1000	4 1040	5 1080	6 1120	7 1160	8 1200
7.5	1 1240	2 1280	3 1320					
8	1 1360	2 1400	3 1440					
8.5	1 1480	2 1520	3 1560	4 1600	5 1640	6 1680		
9	1 1720	2 1760	3 1800	4 1840	5 1880	6 1920		
9.5	1 1960	2 2000	3 2040	4 2080	5 2120	6 2160		
10	1 2200	2 2240	3 2280	4 2320	5 2360	6 2400		
10.5	1 2440	2 2480	3 2520	4 2560	5 2600	6 2640		
11	1 2680	2 2720	3 2760	4 2800	5 2840	6 2880		
11.5	1 2920	2 2960	3 3000	4 3040	5 3080	6 3120		
12	1 3160	2 3200	3 3240	4 3280	5 3320	6 3360		
12.5	1 3400	2 3440	3 3480	4 3520	5 3560	6 3600		
13	1 3640	2 3680	3 3720	4 3760	5 3800	6 3840		
13.5	1 3880	2 3920	3 3960	4 4000	5 4040	6 4080		
14	1 4120	2 4160	3 4200	4 4240	5 4280	6 4320		

4. 间歇性耐力测试

表4-2 Yo-Yo间歇性耐力测试-水平2中的速度水平，可以用跑动距离（米）作为测试结果

Yo-Yo 间歇性耐力测试-水平2
速度水平 间歇/距离（米）

速度水平								
8	1	2						
	40	80						
10	1	2						
	120	160						
12	1	2						
	200	240						
13	1	2	3	4	5	6	7	8
	280	320	360	400	440	480	520	560
13.5	1	2	3	4	5	6	7	8
	600	640	680	720	760	800	840	880
14	1	2	3	4	5	6	7	8
	920	960	1000	1040	1080	1120	1160	1200
14.5	1	2	3					
	1240	1280	1320					
15	1	2	3					
	1360	1400	1440					
15.5	1	2	3	4	5	6		
	1480	1520	1560	1600	1640	1680		
16	1	2	3	4	5	6		
	1720	1760	1800	1840	1880	1920		
16.5	1	2	3	4	5	6		
	1960	2000	2040	2080	2120	2160		
17	1	2	3	4	5	6		
	2200	2240	2280	2320	2360	2400		
17.5	1	2	3	4	5	6		
	2440	2480	2520	2560	2600	2640		
18.0	1	2	3	4	5	6		
	2680	2720	2760	2800	2840	2880		
18.5	1	2	3	4	5	6		
	2920	2960	3000	3040	3080	3120		
19	1	2	3	4	5	6		
	3160	3200	3240	3280	3320	3360		
19.5	1	2	3	4	5	6		
	3400	3440	3480	3520	3560	3600		
20	1	2	3	4	5	6		
	3640	3680	3720	3760	3800	3840		
20.5	1	2	3	4	5	6		
	3880	3920	3960	4000	4040	4080		
21.0	1	2	3	4	5	6		
	4120	4160	4200	4240	4280	4320		

两个级别：Yo-Yo IE测试分为两个级别。针对于青少年球员、业余和中等训练水平球员应采用水平1的测试；针对于接受过良好训练和顶级球员应采用水平2的测试。两个级别测试的区别在于相比水平1，水平2测试开始的速度更快，在测试中维持更高速的跑动。Yo-Yo IE1测试以每小时7000米的速度开始，并缓慢、逐步增加跑动速度（图4-6）。Yo-Yo IE2测试以每小时8000米的速度开始，并在前两分钟内急速升至每小时13000米的跑动速度。

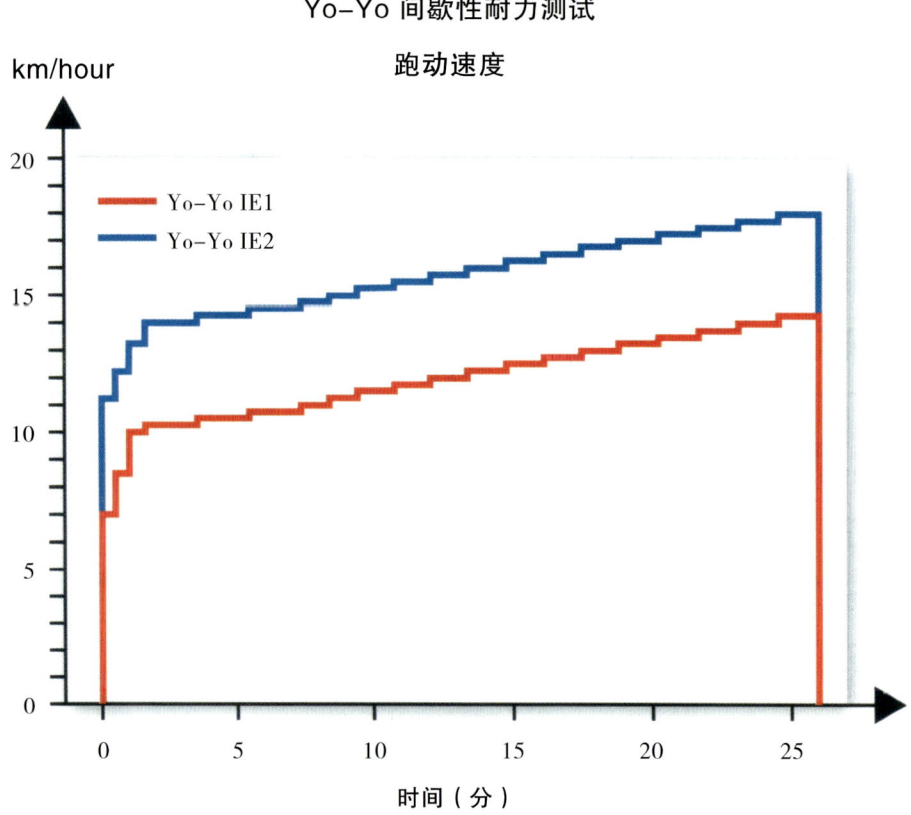

图4-6

Yo-Yo间歇性耐力测试水平1（IE1）和水平2（IE2）的速度递进过程。注意，在整个测试中从两个级别测试对比来看，Yo-Yo IE2测试的速度高于Yo-Yo IE1测试。

4. 间歇性耐力测试

测试指导：Yo-Yo IE测试可以遵循以下指导，常规热身活动大约5分钟，球员跟随CD播放器的指令完成前3分钟的Yo-Yo IE测试。关于如何正确地进行转身，应该给予清晰的指导。如果球员转身时有一只脚处于线上是符合规则的（图4-7）。

Yo-Yo IE 测试过程

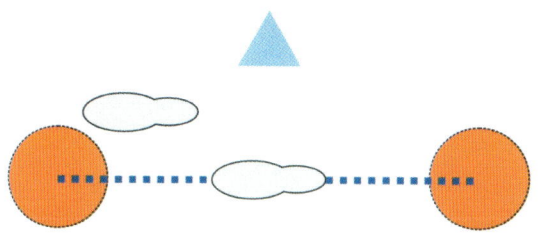

图4-7

图为转身阶段时双脚的位置，一只脚需完全踩在线上。

测试监督：测试既可以设置也可以不设置测试监督。然而最佳的情况是设有2名测试监督，位于每条测试跑道的末端。重要的是，测试监督要确保整个测试过程符合规则，如球员在每次信号发出时是否到达标志处。测试的有效性取决于球员在每次信号发出时到达标志处的能力。一名测试监督对测试结果进行记录。

热身方法：常规热身5分钟后，可以进行前3分钟的Yo-Yo IE测试，休息2分钟后，正式开始测试。这样利用2～3分钟时间提高肌肉温度达到适宜水平，以便进入正式测试。

生理反应

体能测试过程中，心率监控可以很好地评估有氧系统，心率的变化反应了机体摄氧量的增加。在Yo-Yo IE测试过程中心率逐渐增加并在最后达到最大值（图4-8），这表明在测试过程中有氧系统被充分调动。此外在测试的最后阶段血乳酸浓度很高（10毫摩尔/升），这证明无氧系统同样受到了刺激。

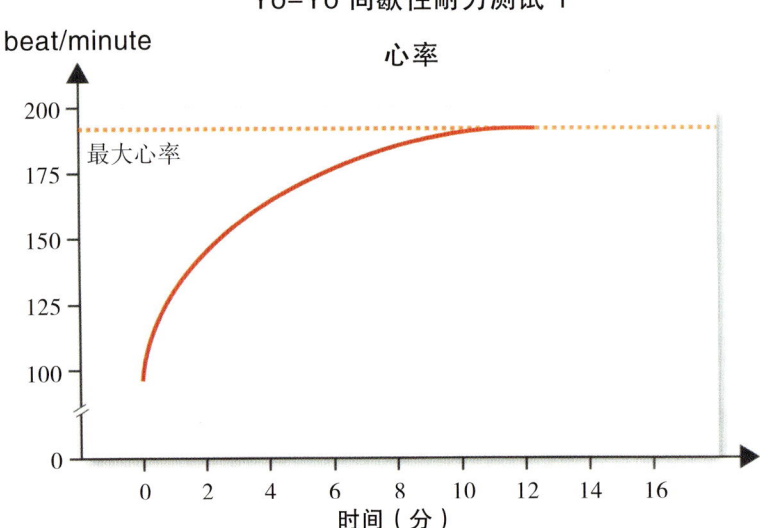

图4-8

Yo-Yo IE测试的心率变化。随着跑动速度的提升，心率逐渐增加且在测试的最后阶段达到极限。

Yo-Yo IE测试是一种体能要求极高的测试，能够对有氧系统，并在一定程度上对无氧系统供能进行评价。

测试结果解释

接受过良好训练的成年球员可以完成Yo-Yo IE1测试，且应该对其进行Yo-Yo IE2测试。Yo-Yo IE1测试主要应用于中等训练水平的球员，以及青少年球员。高水平球队14岁以上的青少年球员，可以进行Yo-Yo IE2测试。

在Yo-Yo IE2测试1500~3200米的测试值内，优秀男球员平均水平达到2600米；优秀女球员在1000~2500米的测试值内达到平均1500米（表4-3）。

表4-3 男子及女子优秀球员Yo-Yo IE2测试范围及平均值

Yo-Yo IE2测试结果（米）	
男子	2600（1500~3200）
女子	1500（1000~2500）

足球比赛中球员经常进行激烈的身体对抗,良好的耐力素质有助于其运动表现。

Yo-Yo IE2测试与跑动距离间有着密切联系，正如比赛中一系列高强度的跑动一样（图4-9）。Yo-Yo间歇性耐力测试为监测足球比赛中的耐力素质提供了有效信息，基于测试结果，可以估算比赛中可能跑动的距离（图4-9）。

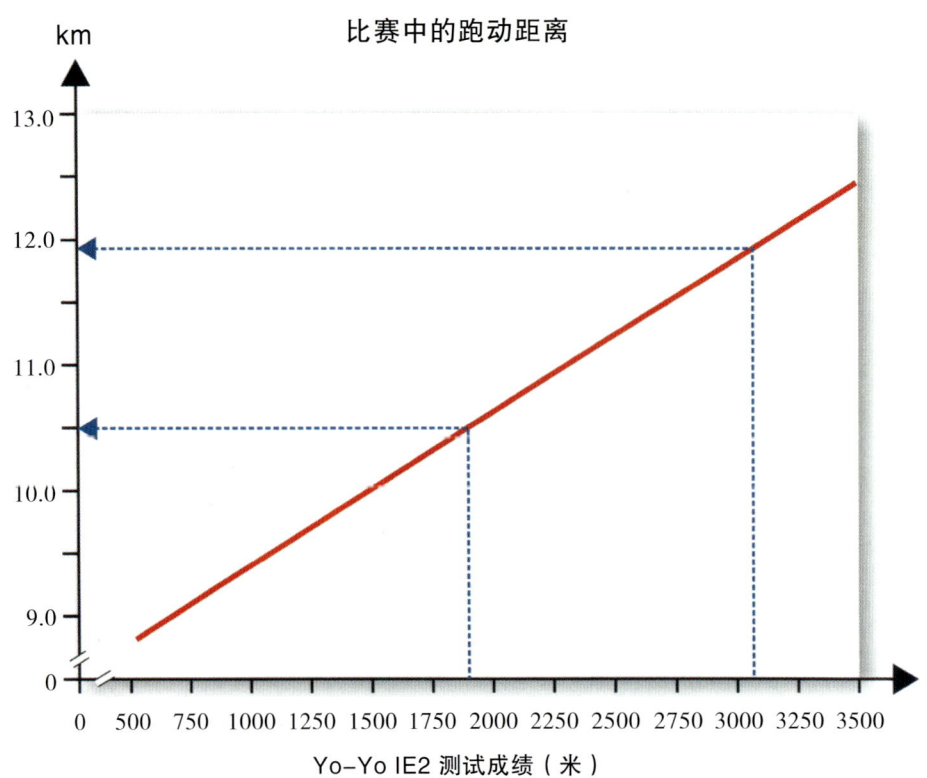

图4-9

Yo-Yo IE2测试表现与比赛跑动距离间的关系。比赛中潜在的跑动距离可以由X轴上Yo-Yo IE2测试结果中估算出来，做一条垂直线于测试结果线上，然后做一条平行于Y轴的横线，这样在比赛中的全部跑动距离就清晰可见了。图中展示了2名球员在测试中跑了1920米和3080米，同时意味着这2名球员在比赛中的跑动距离分别为15000米和12000米。

表4-4展示了不同年龄组青少年球员进行Yo-Yo IE1测试等级。然而，在为青少年球员年龄组成绩分级时，应考虑其成熟度及生理年龄。

球员完成Yo-Yo IE1测试后，应该利用Yo-Yo IE2测试对其进行评估。表4-5为Yo-Yo IE2测试成绩分级。

表4-4　8～10岁（A），11～12岁（B），13～14岁（C）和15～16岁（D）男孩、女孩 Yo-Yo间歇性耐力测试水平1成绩分级。注意，13岁之前男孩与女孩的成绩分级相同

A-8～10岁男孩、女孩
Yo-Yo间歇性耐力测试水平1

距离（米）	等级评估
>1680	优秀
1600~1680	非常好
1480~1560	好
1360~1440	中等水平
1240~1320	低水平
<1240	低下水平

B-11～12岁男孩、女孩
Yo-Yo间歇性耐力测试水平1

距离（米）	等级评估
>2400	优秀
2280~2400	非常好
2080~2240	好
1880~2040	中等水平
1680~1840	低水平
<1680	低下水平

C-13～14岁男孩、女孩
Yo-Yo间歇性耐力测试水平1

男孩		女孩	
距离（米）	等级评估	距离（米）	等级评估
>3600	优秀	>3320	优秀
3440~3600	非常好	3120~3320	非常好
3200~3400	好	2920~3080	好
3000~3160	中等水平	2720~2880	中等水平
2800~2960	低水平	2520~2680	低水平
<2800	低下水平	<2520	低下水平

D-15～16岁男孩、女孩
Yo-Yo间歇性耐力测试水平1

男孩		女孩	
距离（米）	等级评估	距离（米）	等级评估
>4320	优秀	>4120	优秀
4120~4320	非常好	3920~4120	非常好
3920~4080	好	3720~3880	好
3720~3880	中等水平	3520~3680	中等水平
3520~3680	低水平	3320~3480	低水平
<3520	低下水平	<3320	低下水平

足球体能测试

表4-5 男子（A）与女子(B)球员Yo-Yo间歇性耐力测试水平2成绩分级

A-男子
Yo-Yo间歇性耐力测试水平2

距离（米）	等级评估
>3000	优秀
2800~3000	非常好
2600~2800	好
2000~2600	中等水平
1500~2000	低水平
<1500	低下水平

B-女子
Yo-Yo间歇性耐力测试水平2

距离（米）	等级评估
>2600	优秀
2200~2600	非常好
1700~2200	好
1200~1700	中等水平
800~1200	低水平
<800	低下水平

最大摄氧量测定

球员在Yo-Yo IE2测试中的表现关系到最大摄氧量。因此依据测试结果同样可以对最大摄氧量做出评估。图4-10阐述了如何做出测定。

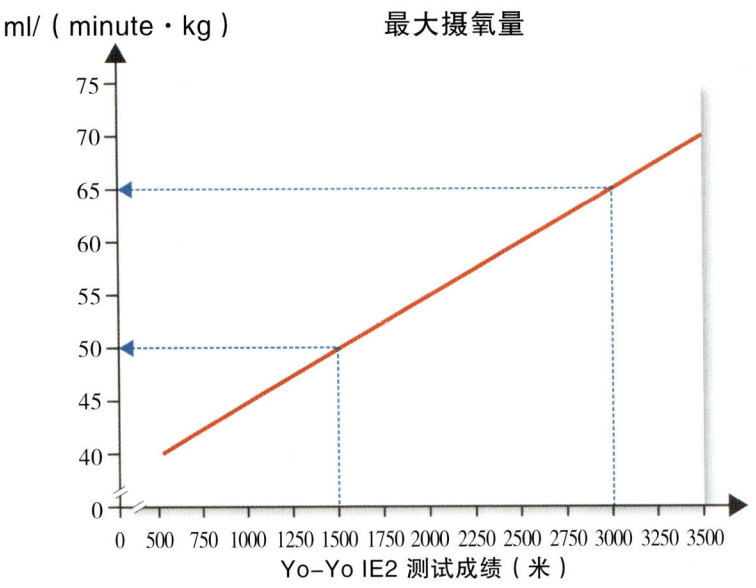

图4-10

图为Yo-Yo IE2测试成绩与最大摄氧量间的关系。最大摄氧量的确定可以由Yo-Yo IE2测试结果的X轴做一垂线，然后做一条平行与Y轴的横线进行估算。表中显示了一名球员在测试中的成绩为1500米，最大摄氧量为50毫升/（分·公斤），另一名球员的测试成绩为3000米，最大摄氧量为65毫升/（分·公斤）。

4. 间歇性耐力测试

专项位置

比赛中球员的体能需求取决于球员的专项位置。举例来说，中场球员在比赛中以中后卫和前锋球员跑动较多。这点同样在Yo-Yo IE2测试的成绩中反映出来。从英国优秀男子球员的数据来看，前锋（1800米）和中后卫（2000米）的成绩小于边路（2400米）和中路（2200米）前卫队员（图4-11）。然而即使是位置相同，也会出现很大的个体差异，这就是说为了制订合理的球员专项体能训练，首先要知道不同位置上每名球员在耐力素质上的差异。男子球员测试所见的特征，同样也能在优秀女子球员中见到。在800～2400米的测试范围内，平均成绩为1300米。中路及边路前卫队员的测试成绩高于中后卫和前锋队员（图4-11）。

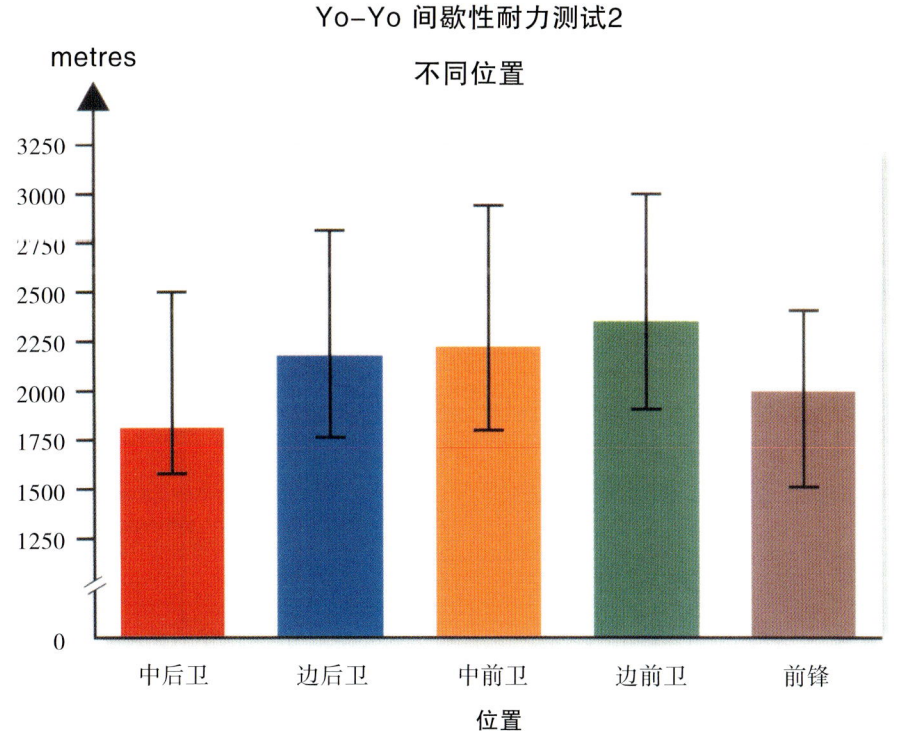

图4-11

Yo-Yo IE2测试成绩与专项位置。每个位置的测试范围值以垂线表示。值得注意的是，每个位置上的测试成绩有很大差异。

青少年球员

由于Yo-Yo IE1测试中速度是缓慢递增的，所以这种测试非常适用于青少年球员及业余球员的耐力素质评估。表4-6为不同年龄组男孩和女孩在Yo-Yo IE1测试中的成绩。17岁接受中等训练组男子球员Yo-Yo IE1测试成绩为3300米，同时相同年龄对照组的女子球员成绩为2300米。17岁男孩与女孩的测试成绩均好于14岁年龄组，14岁年龄组的测试成绩好于12岁年龄组。12岁年龄组中男孩与女孩没有差异，而14岁与17岁年龄组中男孩的测试成绩比同龄的女孩成绩更好（表4-6）。Yo-Yo IE1测试可以用于16岁以下的青少年球员，但是一些耐力素质更好的球员可以进行Yo-Yo IE2测试。

葡萄牙青少年球员（U15、U17与U19）已经进行了Yo-Yo IE2测试。从这份Yo-Yo IE2测试成绩的研究中可以清晰显示，成绩随年龄增长。

表4-6　Yo-Yo间歇性耐力测试-水平1，不同年龄组男子/女子非优秀青少年球员测试成绩

Yo-Yo间歇性耐力测试-水平1成绩（米）			
年龄（岁）	12	14	17
男孩	1680	2200	3320
女孩	1600	1840	2280

此外，研究还显示在U17和U19球员中最大摄氧量上没有差异，但在Yo-Yo IE2测试成绩上有很大差异，证明这种测试能够准确地对球员的耐力素质进行评估。研究中还观察到男子U19年龄组中优秀球员在Yo-Yo IE2测试成绩为2500米，与成年优秀球员近似。U16优秀球员Yo-Yo IE2测试成绩平均为1900米，与成年次优秀球员的成绩近似。

赛季变化

Yo-Yo IE测试可以对球员耐力素质的赛季变化进行测定。例如，一组英国U19优秀球员的测试平均成绩为2170米，测试范围在准备期开始阶段为1700~2400米，在准备期第一阶段后提高了10%，第二阶段后提高了15%（图4-12）。球员在赛季的中间阶段展现出最佳竞技能力，在赛季末期竞技能力出现滑落。这些测试结果证明，Yo-Yo间歇性耐力测试对于球员的一个赛季中足球专项耐力的变化具有敏锐的监控作用。一组英国青少年球员（16~19岁）经过连续3年的训练后，在赛季前和赛季中的测试显示，训练第三年球员具有更

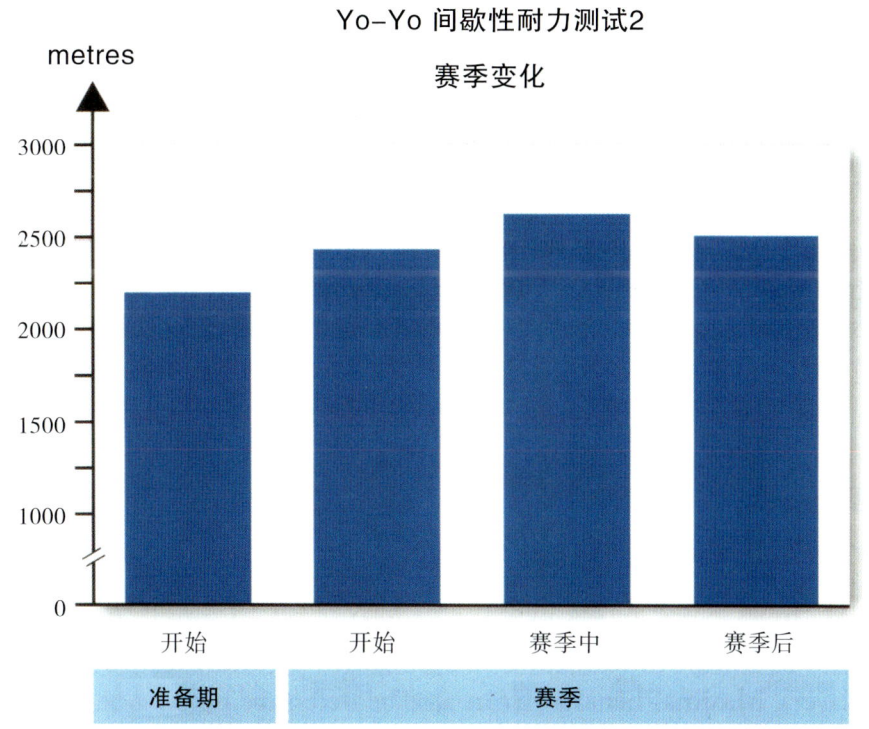

图4-12

图中为英国U19优秀球员在准备期和赛季中Yo-Yo IE2测试成绩。值得注意的是，球员测试水平在赛季开始阶段和结束阶段低于赛季中阶段。

高的水平（图4-13）。因此，Yo-Yo间歇性耐力测试同样能够很好地对球员的耐力水平的发展进行长期的监控。

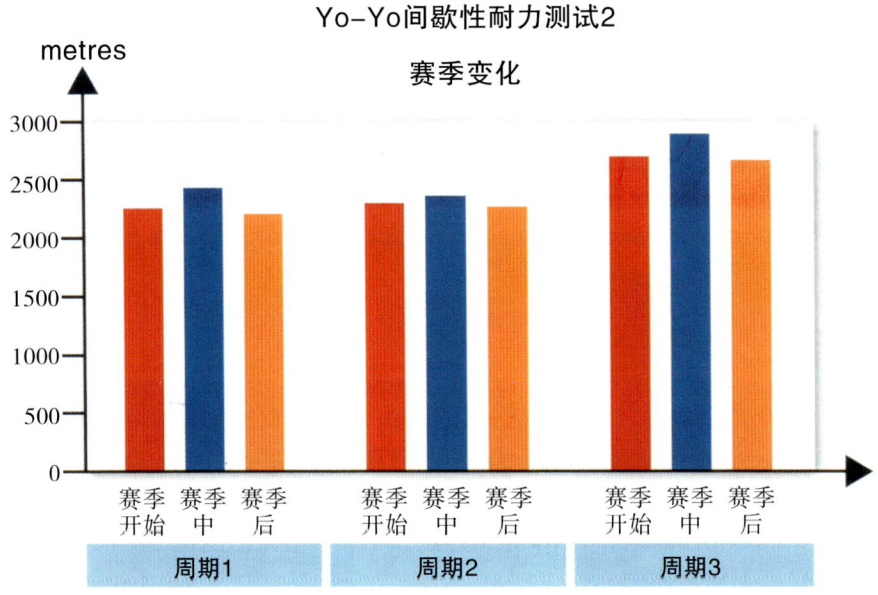

图4-13

在连续3个的赛季前周期中英国青少年球员（16～19岁）在Yo-Yo IE2测试的表现。

总结

Yo-Yo间歇性耐力测试主要对有氧供能系统进行测试，但在测试的最后阶段对无氧系统同样具有很大的刺激。测试不仅可以用来对球员的耐力素质进行评估，同样也可以用来对球员耐力表现的赛季变化进行评估。最大心率同样可以通过测试被测定出来，最大摄氧量也可不用借助昂贵的实验室设备得以评估。此外，测试为青少年球员耐力素质的发展提供了信息。

5. 高强度间歇运动能力测试

在足球比赛中，高强度运动能力是决定运动表现的重要因素。研究表明顶级男子和女子球员比赛中的高强度跑动和冲刺次数，均高于在较低竞技标准中的球员（图5-1）。差异主要来自于更高水平的球员可以完成更多次数的高强度跑动（表5-1），这与他们在高强度活动后拥有更好的恢复能力有关。球员在整场比赛中的疲劳，可以通过高强度运动的起伏变化观察到。在比赛中大多数高强度活动的间歇，球员可能出现暂时性疲劳，他们需要在下一次高质量的强度运动开始前恢复自己的能力。图5-2显示了一名优秀男子球员在比赛中每5分钟所进行的高强度跑动。蓝柱显示了球员在完成3次高强度5分钟间歇后，其在随后5分钟内高速跑动下降（红柱），球员需要在高强度比赛运动中得到跑

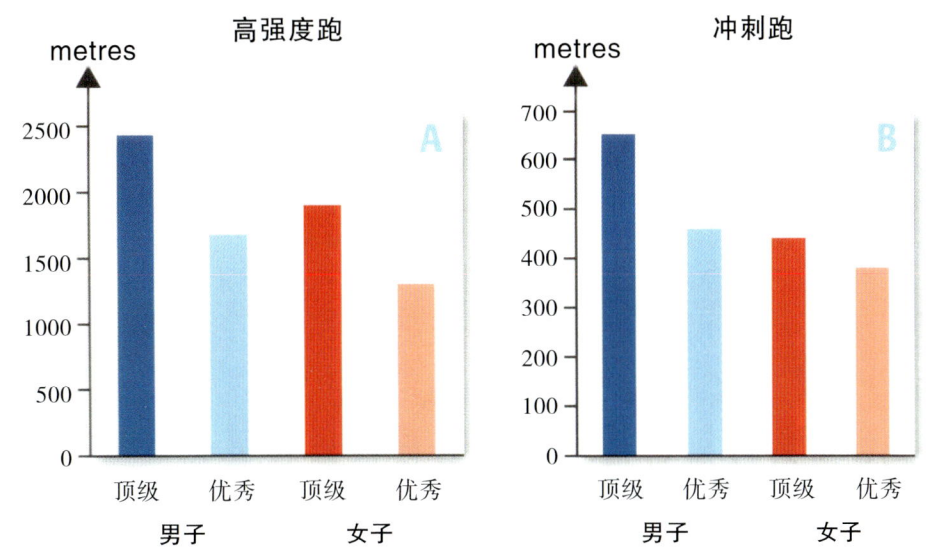

图5-1

A、B两图展示了顶级与高水平男子（左）与女子（右）球员比赛中冲刺（B）与高强度跑动（A）的距离。值得注意的是，顶级水平的球员在高强度跑动及冲刺能力上明显高于优秀球员。

足球体能测试

表5-1 顶级球员与部分球员高速跑次数及平均持续时间。值得注意的是,比赛中球员在高强度跑的持续时间上没有差异,但顶级球员可以进行更多次的高强度跑

高速跑		
	顶级	优秀
次数	220	180
时间(秒)	2.4	2.4

动恢复。这种暂时性疲劳与比赛结束阶段的疲劳是不同的,需要不同的测试方法。球员恢复的速度越快,越能尽快重复进行下一次的强度运动。因此,我们需要评估球员的恢复能力,以此评估球员的足球专项高强度活动能力。

足球比赛中球员高强度跑动的范围在5~70米,但大部分这种跑动的距离少于20米。此外,球员需要能够在高强度足球跑动中进行加速、减速及改变方向,这些都是高强度足球跑动的基本变化,因此足球专项测试中同样需要包括这些方面。优秀球员比赛中大多数的高强度跑动速度在14~21公里/小时,这

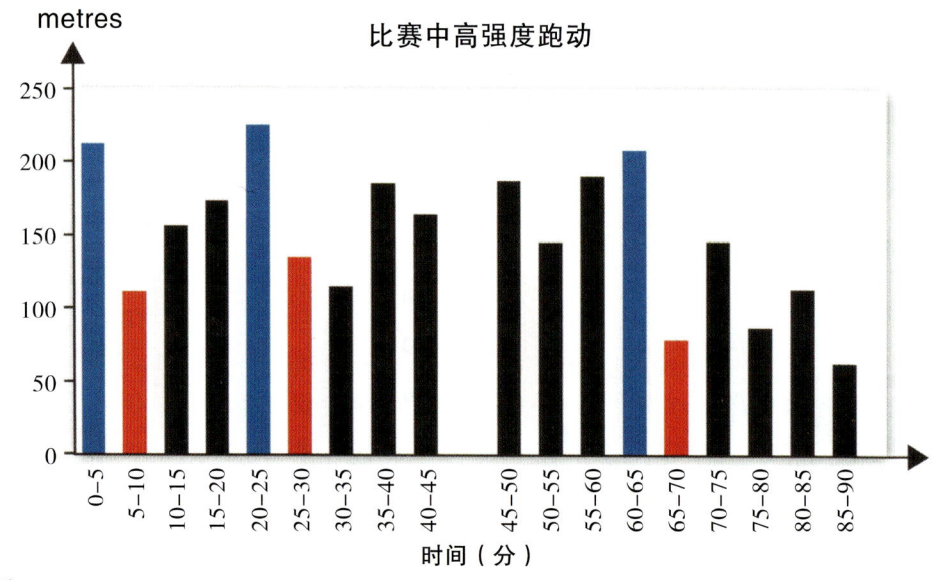

图5-2

一名意甲球员比赛中的高强度跑动距离。值得注意的是,球员3次高强度5分钟跑动后(蓝柱),跑动能力出现下降(红柱)。

5. 高强度间歇运动能力测试

就意味着这些速度的跑动必须包括在足球专项高强度间歇测试中。所有各方面都包括在Yo-Yo间歇性恢复测试中（Yo-Yo IR），该测试可以评估球员的恢复能力，以及足球比赛中要求的反复高强度活动能力。正因如此，Yo-Yo IR测试在业余和职业足球中都是一种经常应用的测试方法。

Yo-Yo IR测试有两个级别（图5-3）。最近研究表明，斯堪的纳维亚国家联赛中的所有球员都进行了Yo-Yo IR1和Yo-Yo IR2测试，结果显示排名在前3的球队在Yo-Yo IR2的测试成绩明显高于最后的3支球队，然而在Yo-Yo IR1的测试结果上没有不同（图5-3）。

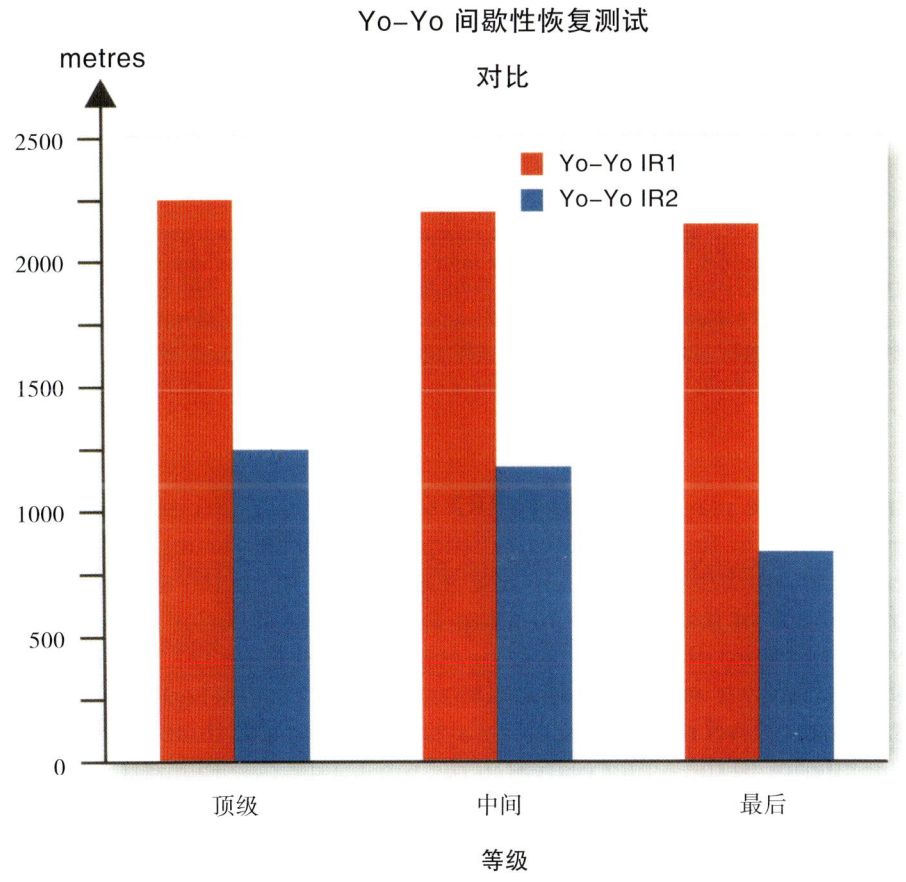

图5-3

联赛排名前3的球队，中间的3支球队及排名最后的3支球队在Yo-Yo IR1（红柱）和Yo-Yo IR2（蓝柱）测试中的表现。值得注意的是，排名在前的球员Yo-Yo IR2测试的表现明显好于排名垫底的球队，说明测试结果可以对同一联赛中的比赛质量进行评估。

因此，对于优秀球员的Yo-Yo IR2测试为足球运动的竞技表现提供了准确的评估，并对同一联赛中球队的不同竞技水平进行了区分。这点从对顶级联赛中男子球员的观察中得到进一步的证实，他们的能力高于二级和三级联赛中的球员。而且，在相同的研究中，U19球员在Yo-Yo IR2测试的能力与二级、三级联赛中的成年球员能力相当，但劣于顶级联赛中的成年球员（图5-4）。

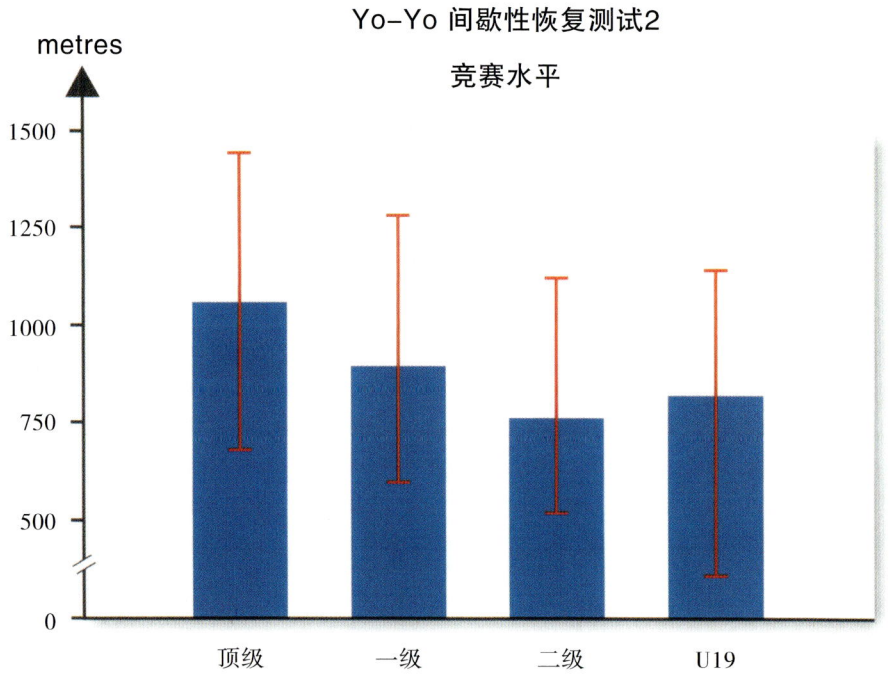

图5-4

欧洲同一国家中顶级联赛，一级、二级及U19联赛中球员Yo-Yo IR2测试的表现。纵轴表示距离（米）。值得注意的是，顶级联赛成年球员的表现优于其他3组球员，U19球员的表现与二级和三级联赛的成年球员表现水平相同。

Yo-Yo 间歇性恢复测试
足球专项反复高强度运动能力测试

目的：评估球员在类似足球比赛中反复高强度活动后的恢复能力。

器材：测试介绍及测试信号由CD播放器提供（www.bansbosport.com）。

利用CD播放器，皮尺，3个标志物等来完成测试。标志盘或标志线以及一支铅笔也是需要准备的。

　　场地： 2个标志物相距20米，第三个标志物放于"起点"标志物后5米处（图5-5）。如果几名队员同时进行测试，场地测试线路应相互平行，间隔2米。

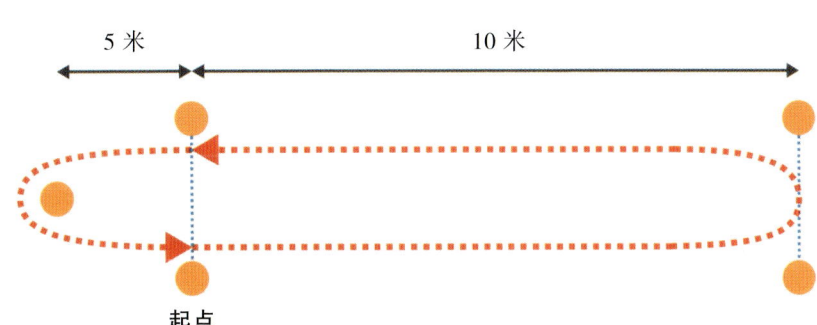

Yo-Yo 间歇性恢复测试路径

图5-5

Yo-Yo IR测试路径。

　　说明： Yo-Yo IR测试由2×20米的间歇跑动穿插规律性的短恢复时间（10秒）组成，依据球员的训练水平持续5～15分钟。CD光盘Yo-Yo测试包提供如何进行测试的信息并发出控制跑动速度的信号。简单地说，队员向前跑20米，应该调整速度，使队员到达20米标志物处时，同时信号响起。在20米标志物处球员转身并返回起点处，应在下一次信号响起时到达起点处。

　　然后球员有10秒的时间进行慢跑恢复绕过距起点标志物后5米的第三个标志物。如果一名球员跑得太快，他/她必须在起点标志物处等待，直到下一声信号响起。建议球员在转身时左右脚进行变换，以避免一侧的负荷过大。球员不断跑动直至不能按时完成两个信号间的快速跑动。第一次未能到达起点标志物处给予警告（黄牌），第二次未能达到起点则测试终止（红牌）。测试结果为球员在被罚下之前跑动的距离（表5-2、表5-3）。

表5-2 展示了在Yo-Yo间歇性恢复测试—水平1中的速度级别所能覆盖的跑动距离及测试结果的评价标准

Yo-Yo 间歇性耐力测试-水平1

速度级别 间歇/距离（米）

速度级别	1	2	3	4	5	6	7	8
5	40							
9	80							
11	120	160						
12	200	240	280					
13	320	360	400	440				
14	480	520	560	600	640	680	720	760
15	800	840	880	920	960	1000	1040	1080
16	1120	1160	1200	1240	1280	1320	1360	1400
17	1440	1480	1520	1560	1600	1640	1680	1720
18	1760	1800	1840	1880	1920	1960	2000	2040
19	2080	2120	2160	2200	2240	2280	2320	2360
20	2400	2440	2480	2520	2560	2600	2640	2680
21	2720	2760	2800	2840	2880	2920	2960	3000
22	3040	3080	3120	3160	3200	3240	3280	3320
23	3360	3400	3440	3480	3520	3560	3600	3640
24	3680	3720	3760	3800	3840	3880	3920	3960

5. 高强度间歇运动能力测试

表5-3 展示了在Yo-Yo间歇性恢复测试—水平2中的速度水平及跑动距离和测试结果的评价标准

Yo-Yo 间歇性耐力测试-水平2

速度级别 间歇/距离（米）

速度级别								
11	1							
	40							
15	1							
	80							
17	1	2						
	120	160						
18	1	2	3					
	200	240	280					
19	1	2	3	4				
	320	360	400	440				
20	1	2	3	4	5	6	7	8
	480	520	560	600	640	680	720	760
21	1	2	3	4	5	6	7	8
	800	840	880	920	960	1000	1040	1080
22	1	2	3	4	5	6	7	8
	1120	1160	1200	1240	1280	1320	1360	1400
23	1	2	3	4	5	6	7	8
	1440	1480	1520	1560	1600	1640	1680	1720
24	1	2	3	4	5	6	7	8
	1760	1800	1840	1880	1920	1960	2000	2040
25	1	2	3	4	5	6	7	8
	2080	2120	2160	2200	2240	2280	2320	2360
26	1	2	3	4	5	6	7	8
	2400	2440	2480	2520	2560	2600	2640	2680
27	1	2	3	4	5	6	7	8
	2720	2760	2800	2840	2880	2920	2960	3000
28	1	2	3	4	5	6	7	8
	3040	3080	3120	3160	3200	3240	3280	3320

两个级别：Yo-Yo IR1测试有两个级别。针对于青少年球员、业余球员及中等训练水平球员应采用水平1的测试；针对接受过良好训练及高水平球员应该采用水平2的测试。测试区别在于，水平2测试从开始及过程中始终保持比水平1测试更高跑动速度。Yo-Yo IR1测试以每小时10公里的速度开始测试，而Yo-Yo IR2测试是每小时13公里的速度，且水平1测试速度的递增比水平2更缓慢（图5-6）。

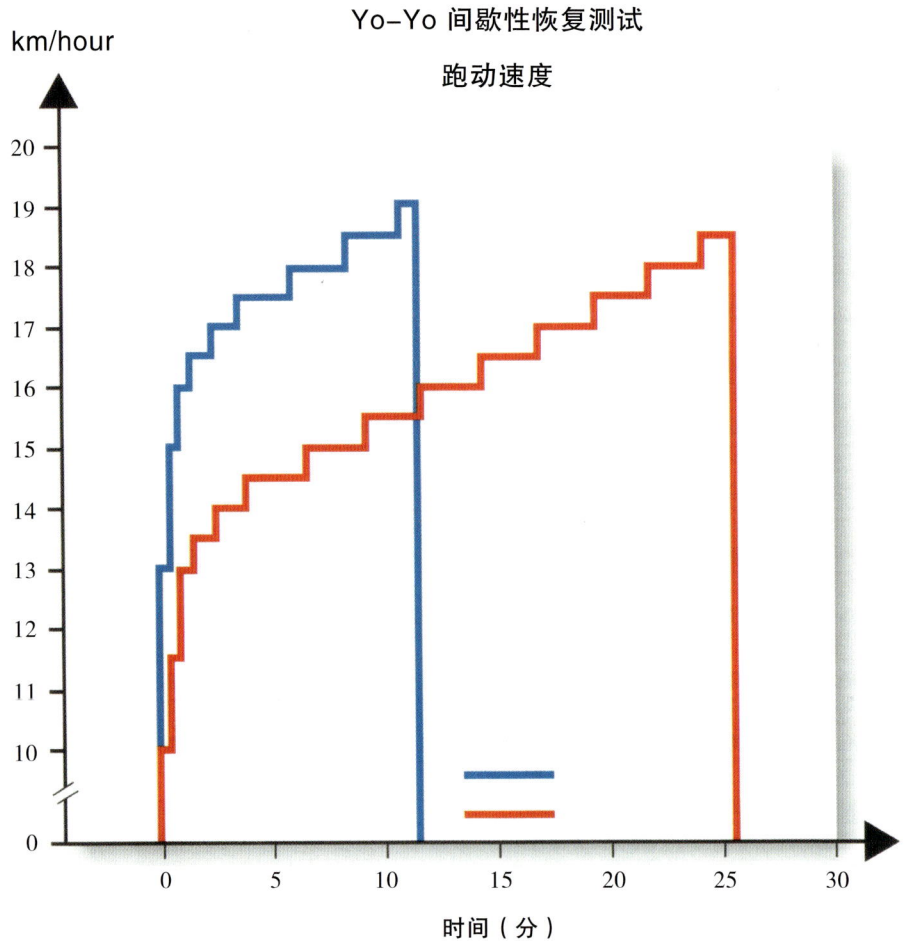

图5-6

Yo-Yo IR1测试（红线）与Yo-Yo IR2测试（蓝线）在速度递增方面的情况。值得注意的是，Yo-Yo IR2测试由更高的速度开始测试，速度增加也高于Yo-Yo IR1测试。

5. 高强度间歇运动能力测试

测试指导：Yo-Yo IR测试可以按照下列指导进行。球员热身活动后，跟随CD播放器的指令调整跑动速度。如何正确进行转身应给予球员清晰的指导。球员转身时要确保一只脚踩线（参见图4-7）。

测试监督：在测试时，可以安排或不安排测试监督。最好是有2名测试监督，每条测试线上各设一名。重要的是由测试监督来控制测试规则并贯彻始终，如确认队员在每次信号响起时是否到达标志物。一名测试监督记录测试结果。

热身方法：5分钟的常规热身，在进行1分钟的Yo-Yo IR1和IR2测试前，先进行3分钟的Yo-Yo IE1和IR1测试，同时在正式测试开始前，有2分钟的休息时间。

球员进行Yo-Yo间歇性恢复测试。

生理反应

在Yo-Yo IR测试中心率快速增加并在测试结束后达到最大值，证明有氧供能系统负荷非常高（图5-7）。通过对大腿肌肉测试前与测试后采样（活体）发现，肌肉中乳酸堆积和能源物质磷酸肌酸减少，这说明在测试过程中动用了大量的无氧能量。从图5-8中我们可以看到，乳酸生成率及磷酸肌酸利用率是很高的。特别是在Yo-Yo IR2测试中，血乳酸浓度同样升高（图5-9）。这说明测试中也动用了无氧系统。因此，这个测试可以评估接受过训练的男子球员动用无氧供能系统进行强度间歇运动的能力。对于业余球员和接受一般训练的

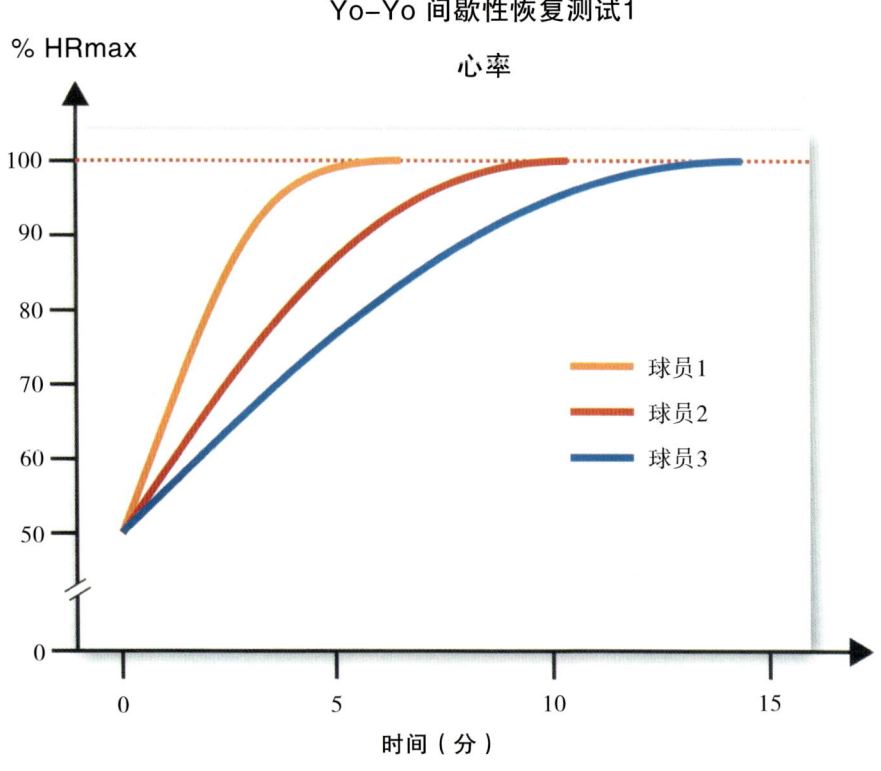

图5-7

3名不同竞技水平的球员在Yo-Yo IR1测试中的心率。值得注意的是，3名球员均在测试后达到了最大心率。

男球员和女球员来说，Yo-Yo IR1测试同样对其无氧系统测试具有价值，我们可以此方式来进行无氧供能能力的测试。

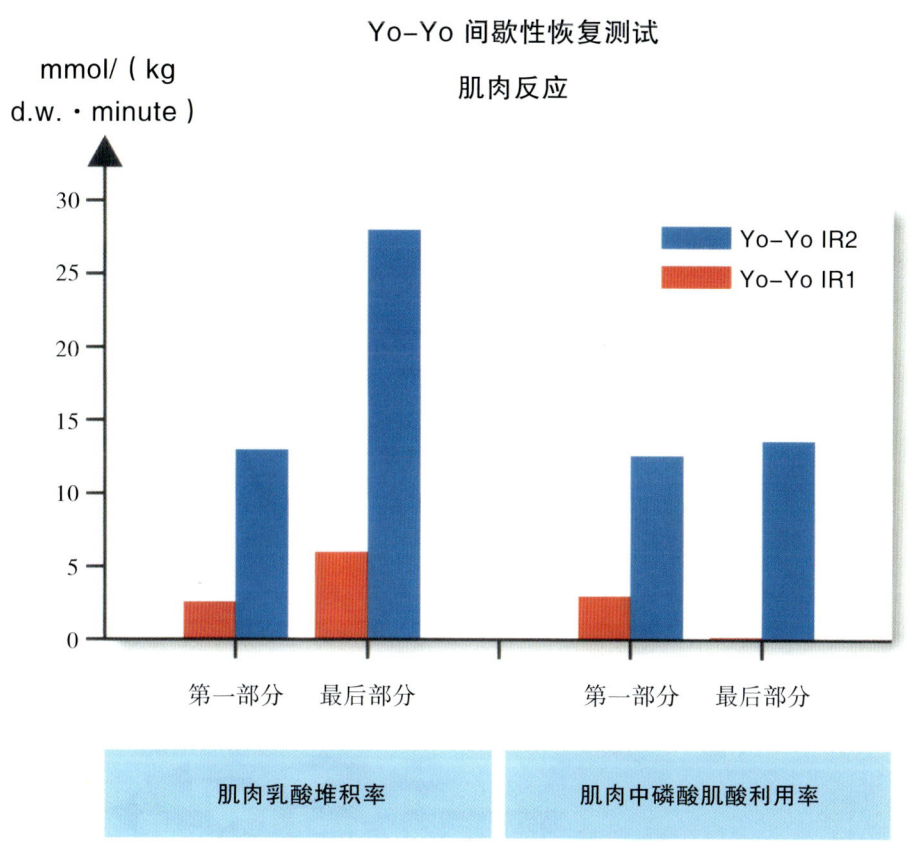

图5-8

一名接受过良好训练的球员在Yo-Yo IR1(红柱)和Yo-Yo IR2（蓝柱）测试中，肌肉乳酸堆积率（左）和磷酸肌酸的利用情况。值得注意的是，肌肉乳酸的堆积和磷酸肌酸的利用率在Yo-Yo IR2测试中高于Yo-Yo IR1测试，这表明Yo-Yo IR2测试的无氧供能特征。接受一般训练的球员在Yo-Yo IR1测试中的表现与训练有素的球员在Yo-Yo IR2测试中的反应相似。

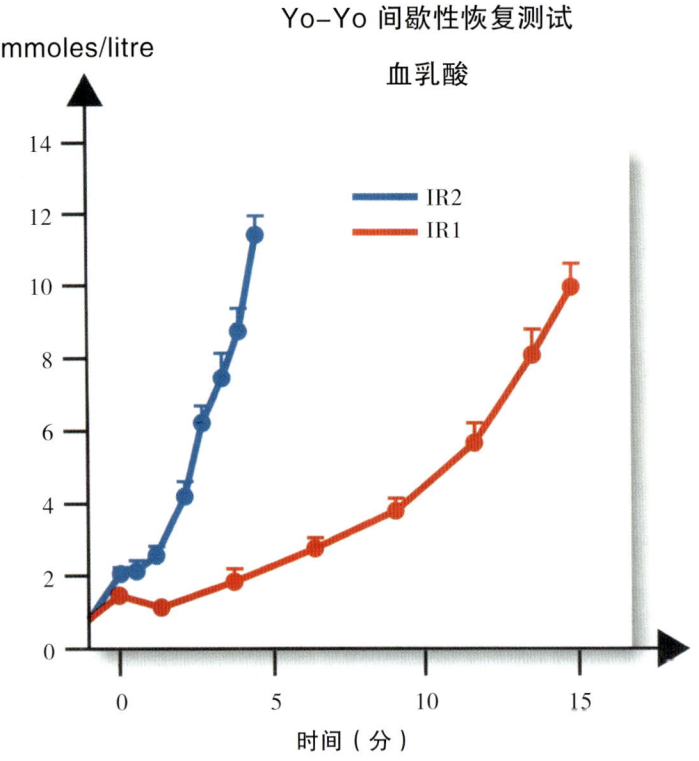

图5-9

一名接受良好训练的球员在Yo-Yo IR1（红线）与Yo-Yo IR2（蓝线）测试中血乳酸的反应。值得注意的是，血乳酸含量Yo-Yo IR2测试比Yo-Yo IR1测试中增加得更快。

测试结果解释

顶级球员在Yo-Yo IR1测试中的成绩为2000～3000米，平均成绩为2500米，女球员的成绩为1400～2000米，平均成绩为1700米。顶级球员的测试表现明显好于一般竞赛中的高水平球员，中等水平的男球员测试成绩为2200米，女球员测试成绩为1400米。次高水平男球员测试成绩一般为2000米以下，女球员为1200米以下（图5-10）。

顶级男球员在Yo-Yo IR2测试中的平均成绩为1400米，一般范围在1000～1600米（图5-11），高于次高水平球员。此外，来自法罗群岛的一名国家队球员在Yo-Yo IR2测试中的成绩高于U21国家队球员（分别为1200米和1040米）。

5. 高强度间歇运动能力测试

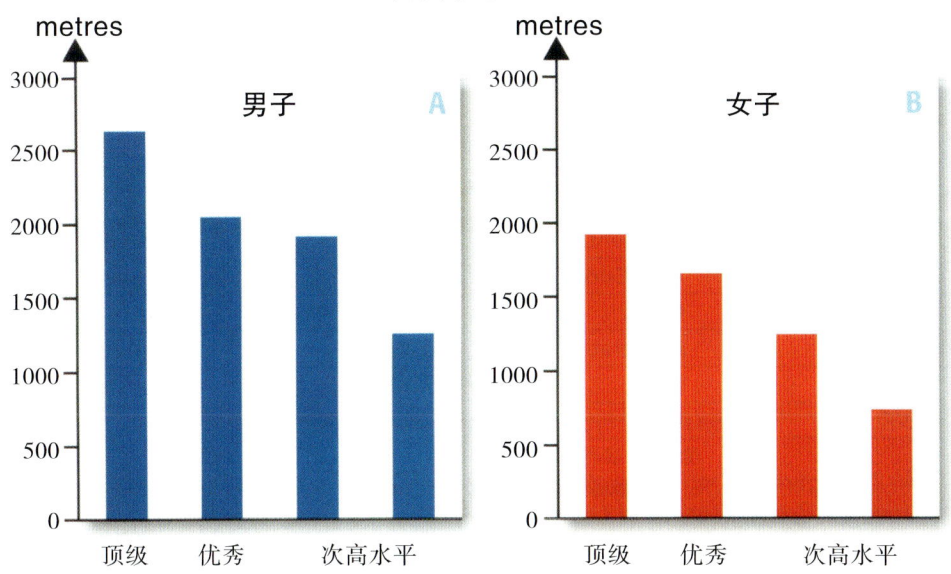

图5-10

不同竞赛标准男子球员（A）和女子球员（B）在Yo-Yo IR1测试中的结果。

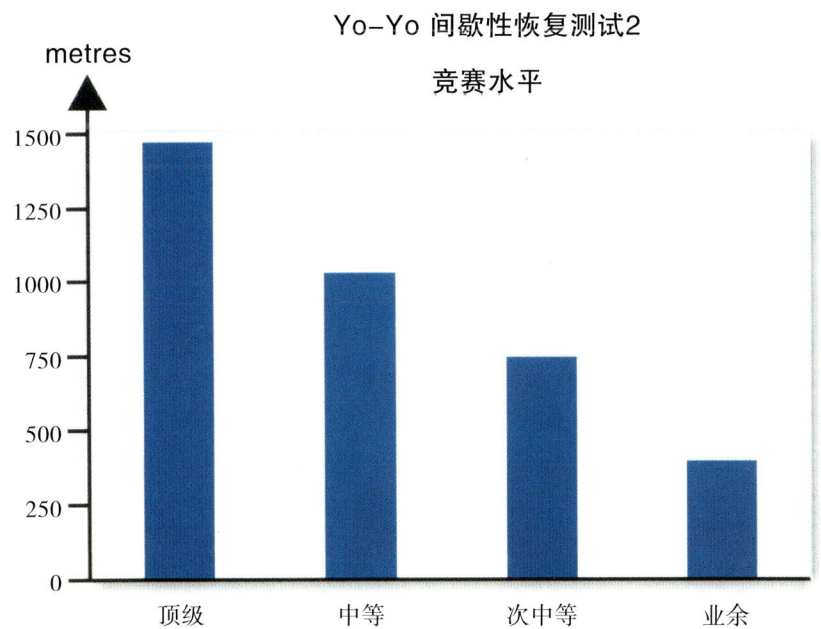

图5-11

不同竞赛标准男子球员在Yo-Yo IR2测试中的结果。

表5-4、表5-5分别显示了Yo-Yo IR1和Yo-Yo IR2的测试结果,以及对顶级球员的测试表现进行了阐述。

表5-4 男子(A)和女子(B)球员Yo-Yo 间歇性恢复测试-水平1的测试结果

A-男子

Yo-Yo间歇性恢复测试水平1

距离(米)	等级评估
>3000	优秀
2760~3000	非常好
2600~2720	好
2200~2560	中等水平
1800~2160	低水平
<1800	低下水平

B-女子

Yo-Yo间歇性恢复测试水平1

距离(米)	等级评估
>2600	优秀
2200~2560	非常好
1800~2160	好
1520~1760	中等水平
1200~1480	低水平
<1200	低下水平

表5-5 男子(A)与女子(B)球员Yo-Yo 间歇性恢复测试-水平2的测试结果

A-男子

Yo-Yo间歇性恢复测试水平2

距离(米)	等级评估
>1600	优秀
1400~1560	非常好
1200~1360	好
1000~1160	中等水平
800~960	低水平
<80	低下水平

B-女子

Yo-Yo间歇性恢复测试水平2

距离(米)	等级评估
>1200	优秀
1000~1160	非常好
800~960	好
680~760	中等水平
560~640	低水平
<560	低下水平

科学研究显示,高水平球员的Yo-Yo IR1测试表现与男女球员在比赛中高速度的跑动距离有密切关系(图5-12)。因此,测试结果为比赛中球员进行强度运动的能力提供了充分的信息,而且根据测试结果比赛中高速度跑动的潜在距离可以被评估出来。此外,Yo-Yo IR1测试同样关系到男子和女子球员在比赛最后15分钟高强度跑的数量(图5-13)。因此,球员在Yo-Yo IR1测试得分越高,预示其在比赛临近结束时段具有完成强度运动的能力,而且能够在激烈比赛的间歇中对抗疲劳。

5. 高强度间歇运动能力测试

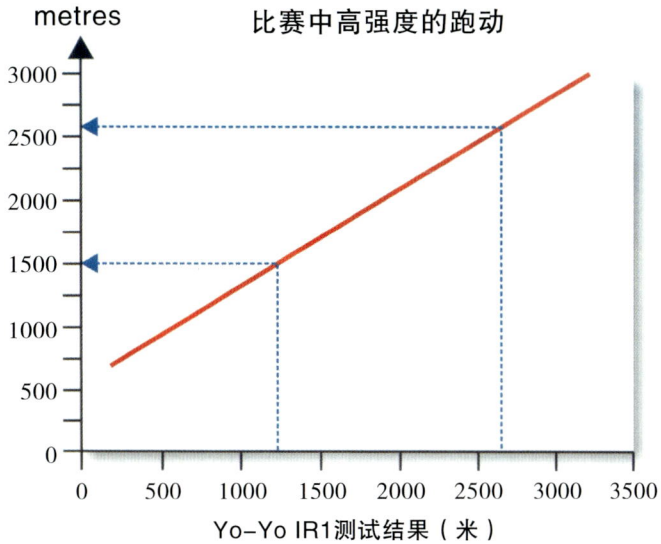

图5-12

Yo-Yo IR1测试结果与比赛中高速跑动距离的相关性。比赛中高速度跑动的距离可以从X轴上Yo-Yo IR1测试的结果中表现出来。做一条垂线至测试线上，然后做一条与Y轴平行的线，这样高强度跑动的距离便可得知。图中显示2名球员在测试中跑动距离为1200米和2660米，相当于比赛中的跑动距离分别为1500米和2575米。

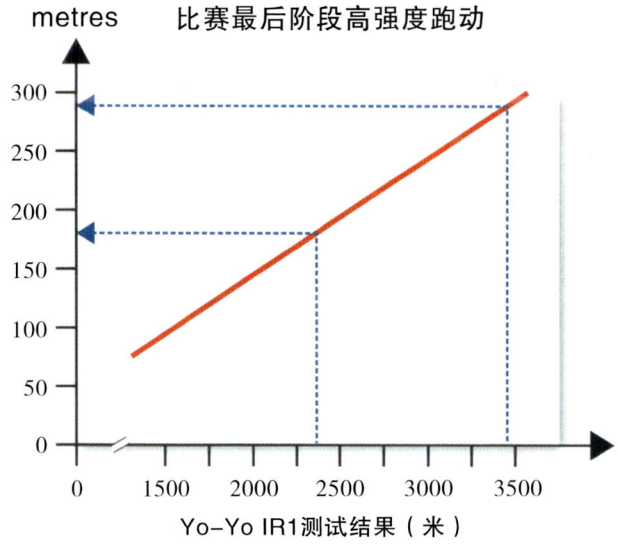

图5-13

Yo-Yo IR1测试结果与比赛最后15分钟跑动距离的相关性。因此，Yo-Yo IR1测试结果为比赛最后阶段球员进行高强度跑动的能力提供了信息。图例显示，Yo-Yo IR1测试成绩为2400米和3440米，相当于在比赛最后15分钟内进行了180米和290米的高强度跑动。

顶级球员Yo-Yo IR2测试的结果与（5分钟）高水平竞技比赛中最高强度下高速跑动的距离相关（图5-14）。这说明在Yo-Yo IR2测试中的表现反映了比赛中球员短时间内高强度活动的能力，以及在高强度比赛阶段延缓疲劳出现的能力，此时无氧供能系统会被大量动员。因此，根据在Yo-Yo IR2测试中的表现可以评估出球员在5分钟最高强度比赛活动中高速跑动的距离（参见图5-14）。

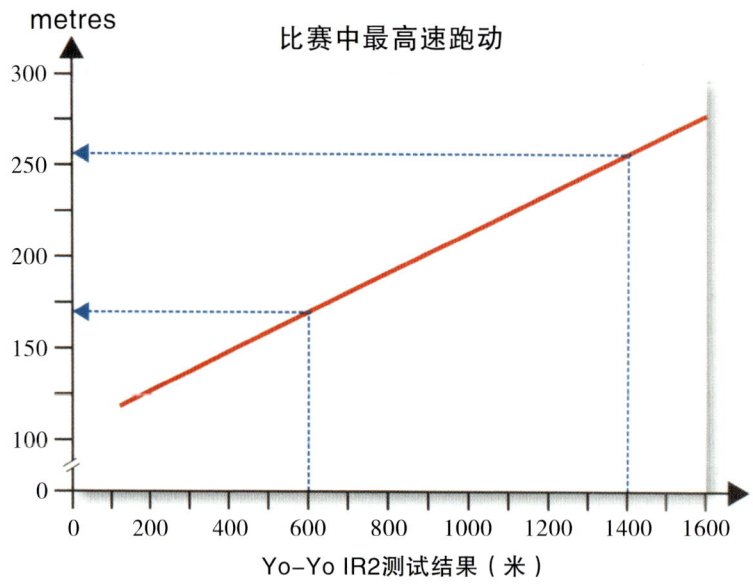

图5-14

Yo-Yo IR2测试结果与比赛中5分钟最高速跑动距离之间的关系。比赛中可能的最高速跑动距离可以从Yo-Yo IR2测试结果的X轴上看出来。做一条垂直线，且与Y轴平行，这样就可评估比赛中5分钟内最高速度跑距离。图中显示了2名队员的Yo-Yo IR2测试值为600米和1400米，相当于5分钟的比赛时间中，高强度跑动距离为170米和255米。

专项位置

Yo-Yo IR测试表现与球员的专项位置有关。在Yo-Yo IR1测试中，优秀男子中后卫队员和前锋队员平均值低于（2100米）边后卫和中场前卫队员（2500米）。同样女子中后卫队员的表现也低于除守门员外的其他位置的球员（图5-15）。然而，不同位置上的球员有很大的个体差异。在Yo-Yo IR2测试中男子中场球员、边后卫和中后卫队员比前锋队员有更高的平均值（1200～1500米），前锋队员跑动距离在1000～1200米（图5-16）。对于女球员来说，前

5. 高强度间歇运动能力测试

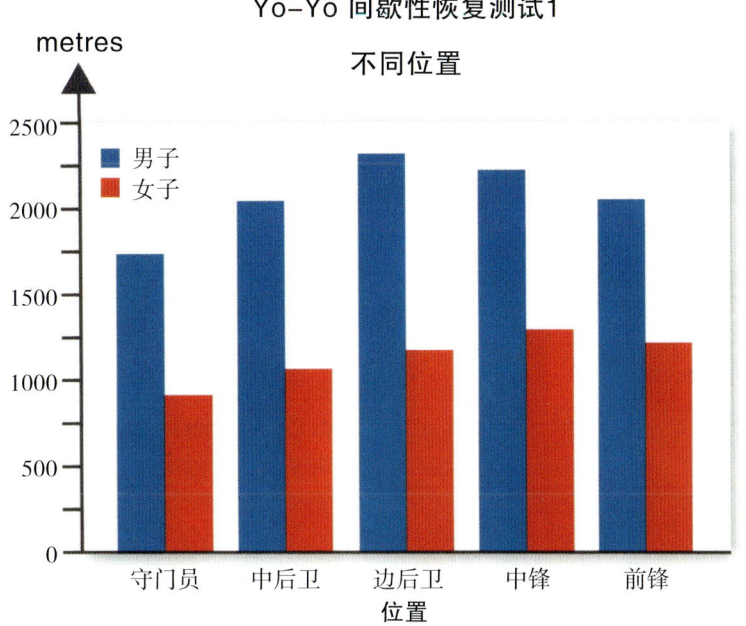

图5-15

男子球员（蓝柱）和女子球员（红柱）进行Yo-Yo IR1测试的表现。值得注意的是，男子边后卫队员和中场前卫队员跑动距离更长，而女子球员中前卫队员和前锋队员表现最佳。

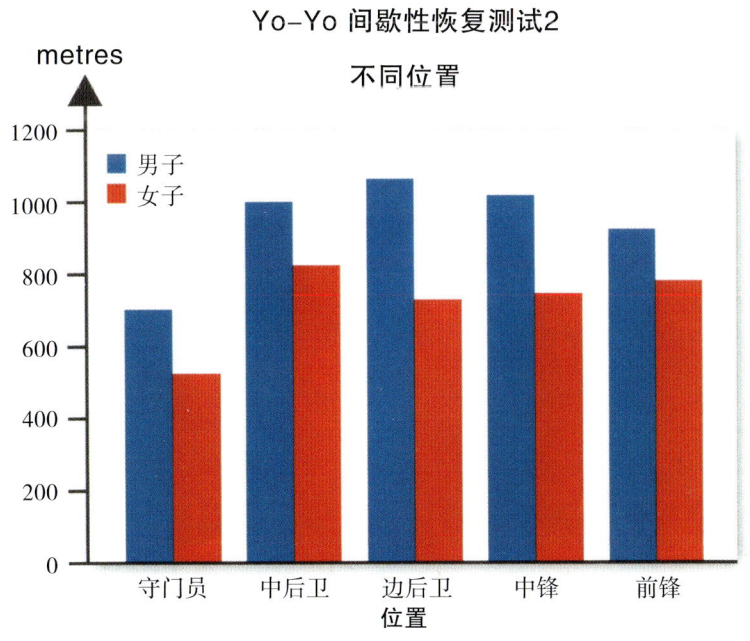

图5-16

男子球员Yo-Yo IR2测试成绩与专项位置间的关系。值得注意的是，在Yo-Yo IR2测试的中后卫的成绩与边后卫和前卫队员的成绩一样好。

卫队员和边后卫队员的测试成绩好于前锋和中后卫队员。Yo-Yo IR1测试中显示每个位置上的球员有个体差异。图5-17显示了女子（A）和男子（B）高水平球队在Yo-Yo IR1 和Yo-Yo IR2测试中的距离，队员以出场站位进行展示。女子球队为4-2-3-1阵型，男子球队为4-4-2阵型。

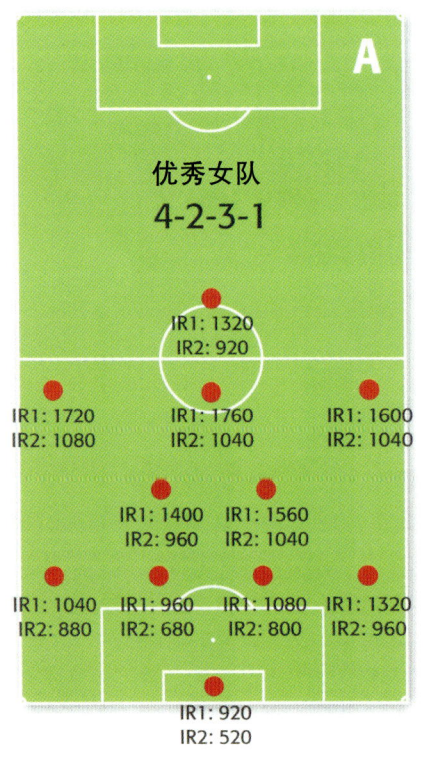 

图5-17

优秀女队4-2-3-1阵型（A）与优秀男队4-4-2阵型（B）在Yo-Yo IR1与Yo-Yo IR2测试中的距离。值得注意的是，球员间的成绩有较大差异，反映出球员能力的不同。

青少年球员

青少年球员的年龄会影响到他们在Yo-Yo IR1测试中的表现（图5-18）。男孩和女孩的测试成绩均呈现出随年龄增加而提高的特点，但女孩在17岁时出现成绩停滞状态，男孩在18岁后成绩继续得到提高（参见图5-18）。所有年

5. 高强度间歇运动能力测试

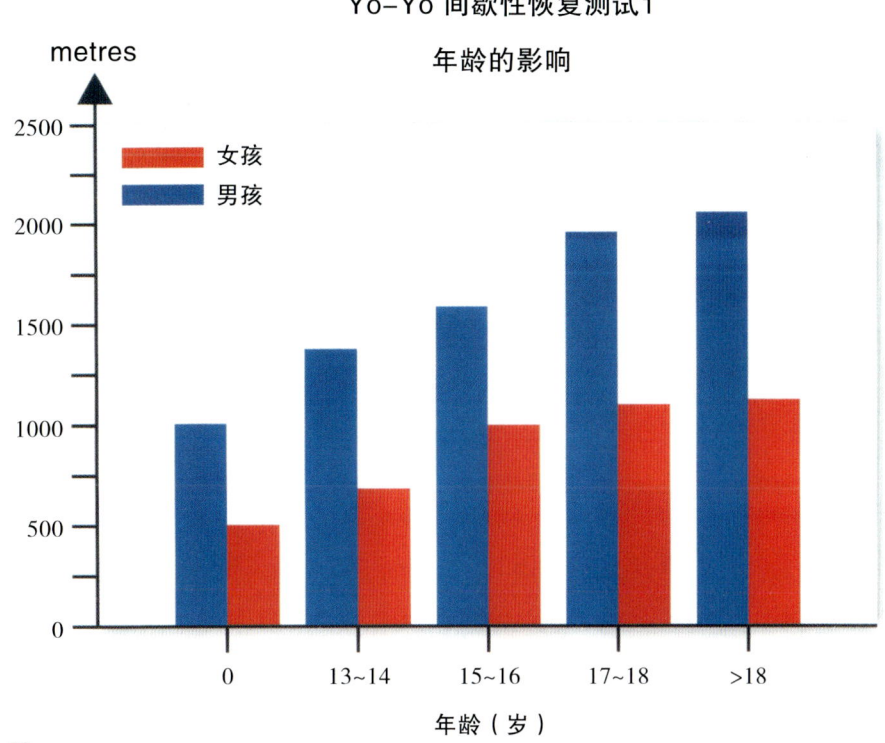

图5-18

不同年龄组女孩（红柱）与男孩（蓝柱）在Yo-Yo IR1测试中的成绩。

龄段的男孩测试成绩都要好于女孩。例如12岁的男孩在Yo-Yo IR1测试中平均跑动距离为1000米，相同年龄组的女孩测试成绩为500米。从表5-6不同年龄组优秀男球员在Yo-Yo IR2测试成绩中可以看到，随其年龄的增长成绩也在增加。此外，最近研究显示，同一俱乐部中16、17岁的球员在Yo-Yo IR2测试的成绩比年龄更大的球员低30%，证明青少年时期的Yo-Yo IR2测试成绩可以继续得到发展和提高。

表5-6　Yo-Yo 间歇性恢复测试–水平2，不同年龄组优秀青少年球员（男孩）的测试成绩

年龄（岁）	13	14	15	16	17	18
Yo-Yo IR2（米）	420	683	733	814	953	1172

赛季变化

在对Yo-Yo IR1与Yo-Yo IR2测试成绩赛季变化监控中发现，优秀球员通常在准备期中Yo-Yo IR1测试成绩可以提高25%，Yo-Yo IR2测试成绩的变化可以达到40%（图5-19）。赛季中个体差异变化出现很大不同。图5-20显示了赛季中3名优秀男球员在Yo-Yo IR2测试的不同发展情况。球员3在赛季初Yo-Yo

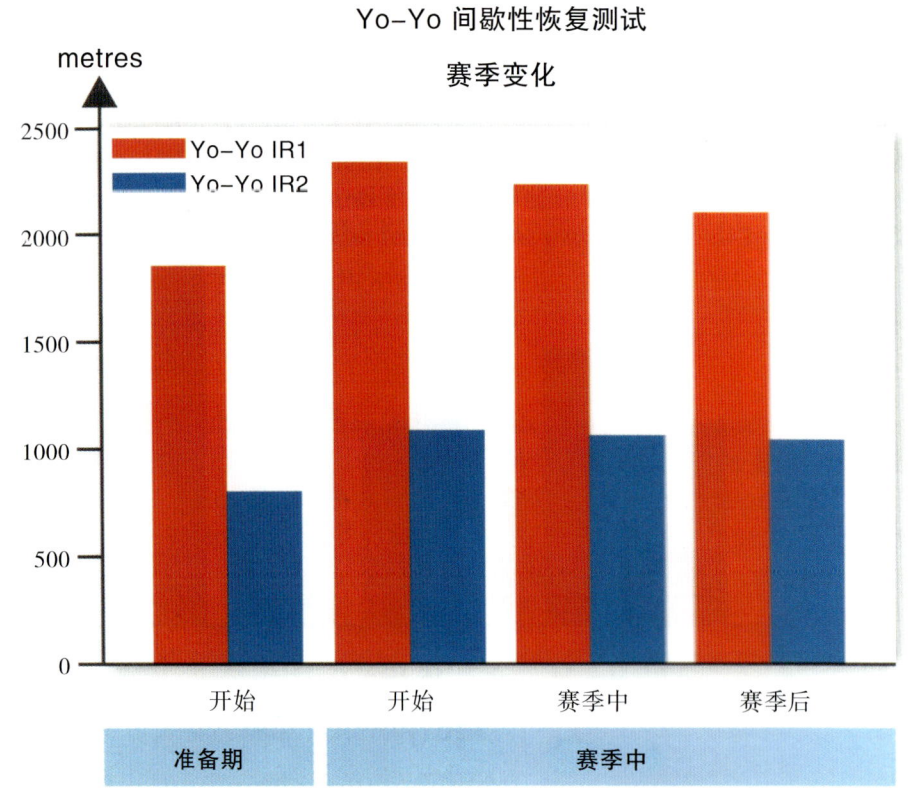

图5-19

优秀男球员在准备期与赛季中Yo-Yo IR1（红柱）和Yo-Yo IR2（蓝柱）的测试成绩。值得注意的是，在准备期球员的成绩有了明显提高，在赛季中球员Yo-Yo IR2测试成绩逐步下降。

5. 高强度间歇运动能力测试

IR2测试成绩很高，通过赛季同样能够提高他的能力，同时球员1从准备期到赛季开始时也有相似的提高，但在赛季中没有进一步的改善，而且在赛季中能力下降。很明显，教练可以使用Yo-Yo IR测试在整个赛季中对球员个体的竞技能力变化进行监测。因此，经常测试球员并利用测试结果来指导训练是很重要的。竞技能力上的变化与体能训练有密切关联。图5-21显示，球队为备战U20女子世界杯而进行为期10个月的Yo-Yo IR1测试结果。从图中可以看出这些球

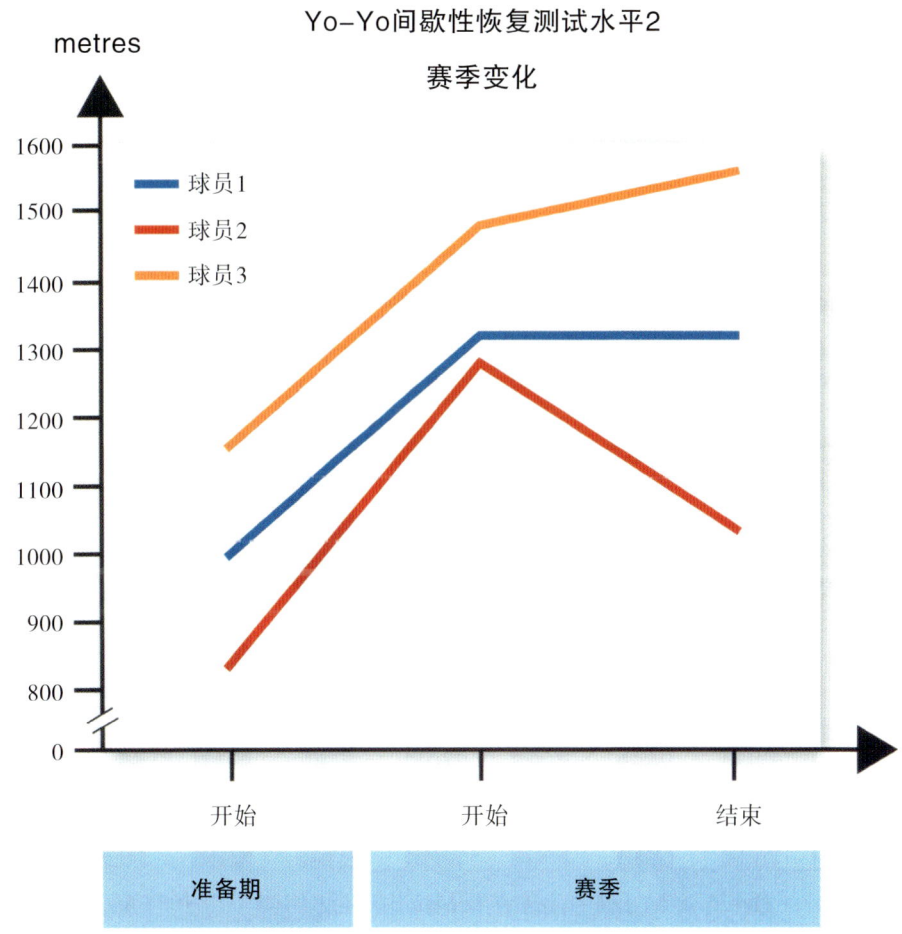

图5-20

准备期前后和赛季中3名竞技能力发展程度不同的优秀球员Yo-Yo IR2测试的表现。值得注意的是，所有球员的能力都在准备期期间得到了提升，球员3（黄线）在赛季中的表现提升，而球员2（红线）则表现下降。

员由于接受了系统的体能训练，以及通过测试结果对训练计划的指导后，在竞技能力上有了逐步提高。最近研究显示，准备期第一场到最后一场的比赛阶段整体高强度跑的比率（25%~30%）与同时期Yo-Yo IR1测试增长的距离相似（图5-22）。这期间，有氧训练是高度重视的。同样，足球裁判员在Yo-Yo IR1测试中有氧高强度跑动距离的增长与比赛中体能表现的提高成正比。因此，教练员可以通过Yo-Yo IR1测试来评价足球中有氧训练的效果。

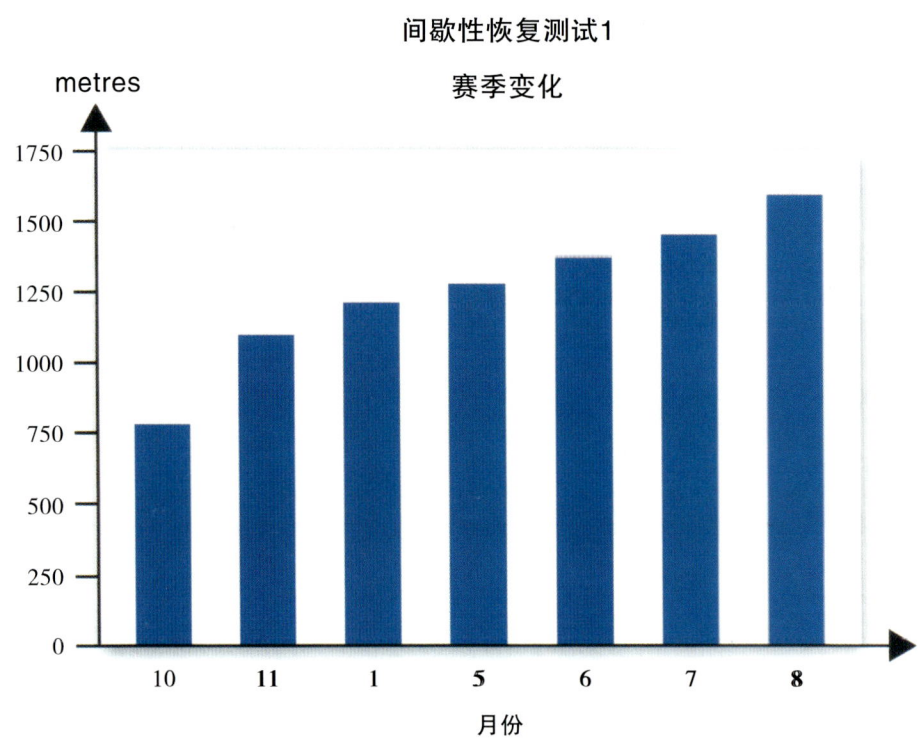

图5-21

U20国家女足在备战世界杯为期10个月的Yo-Yo IR1测试成绩。值得注意的是，整个周期中队伍的成绩逐步提高。

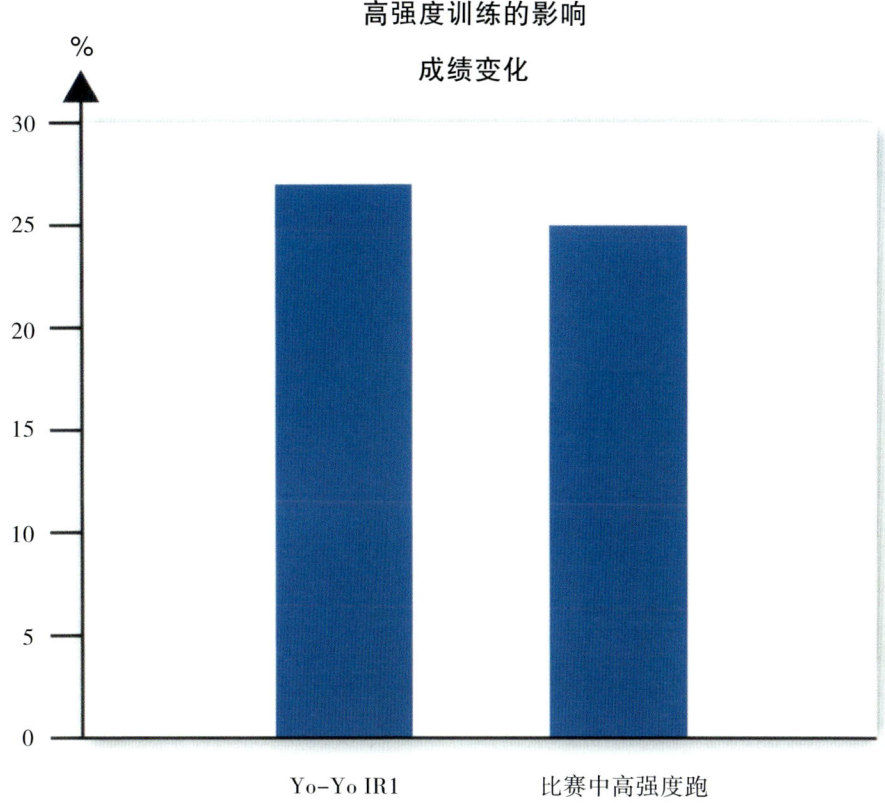

图5-22

从准备期开始到结束,Yo-Yo IR1测试成绩与比赛中高强度跑动增长的相关性。值得注意的是两方面得到了相同增长。

总结

Yo-Yo IR测试为球员的足球专项抗疲劳,以及高强度运动间的恢复能力提供了有效的信息。测试结果与足球比赛中的高强度跑动能力有关,且可以被用来评估球员在比赛中反复高强度运动能力并对球员体能表现的赛季变化进行评估。测试同样能用来监控最大心率。

丹麦国家队球员进行递增场地测试,以测定最大心率。

6. 最大心率的测定

为了更好地运用训练过程中所获得的心率指标，就必须清楚球队中每一名球员的最大心率，因为球员之间，最大心率存在着明显的差异。表6-1展示了欧洲顶级球队中10名球员的最大心率。队中大多数球员最大心率值在190～200次/分，但是有些球员的最大心率值很低（166次/分），有些球员的值则很高（212次/分）。

表6-1 欧洲顶级球队中10名球员的最大心率。注意球员之间差异极大

最大心率										
球员	1	2	3	4	5	6	7	8	9	10
次/分	166	185	191	195	195	198	199	205	208	212

最大心率的监测可以通过几种测试方法获得，表6-2列举了一些测试方法。例如，采用递增力竭跑台测试心率。一名男子优秀球员以14公里/小时的速度跑2分钟，然后速度增加到16公里/小时，跑30秒，之后每30秒以1000米/小时速度渐增，直至力竭。对于一名优秀女球员来说，测试以13公里/小时

表6-2 最大心率的不同测试方法

Yo-Yo IE 测试
Yo-Yo IR 测试
递增跑台测试
递增场地测试

的速度开始进行2分钟，然后每30秒速度增加1000米。青少年和业余球员，应根据球员的能力调整初始速度，进而在递增速度上产生变化。不过，这样的测试需要跑台，并且费时，单位时间内只能对一名球员进行测试。

Yo-Yo IE和Yo-Yo IR测试均能够用来测定球员的最大心率。这些测试的一个优势在于全队可以同时进行，且在10分钟内完成测试。例如，第5章图5-7显示了不同训练水平的3名球员在Yo-Yo IR1测试中心率的变化。球员1体能水平低，测试5分钟后达到力竭，球员2和球员3在测试中跑动的时间较长。因此，Yo-Yo IE 和Yo-Yo IR测试可以被用于测试最大心率。此外，也可运用下述简单方法了解球员最大心率。

递增场地测试

目的：测定最大心率

说明：图6-1为用来测定最大心率的递增场地测试演示路径。测试中球员首先以中等速度跑4圈（优秀球员， 1分钟1圈）。然后，高速跑1圈（45秒1圈）结合半圈次最高速度（20秒），最后半圈以最大速度完成，大约用时15秒（图6-1）。通过电子心率监测仪或手测15秒后乘以4的计算公式，测试结束后对最大心率进行评估。测试至少进行6~10分钟。全队可以同时进行测试，也可以间隔15秒，以避免太多球员在同一时间进行测试。

6. 最大心率的测定

最大心率的测试场地

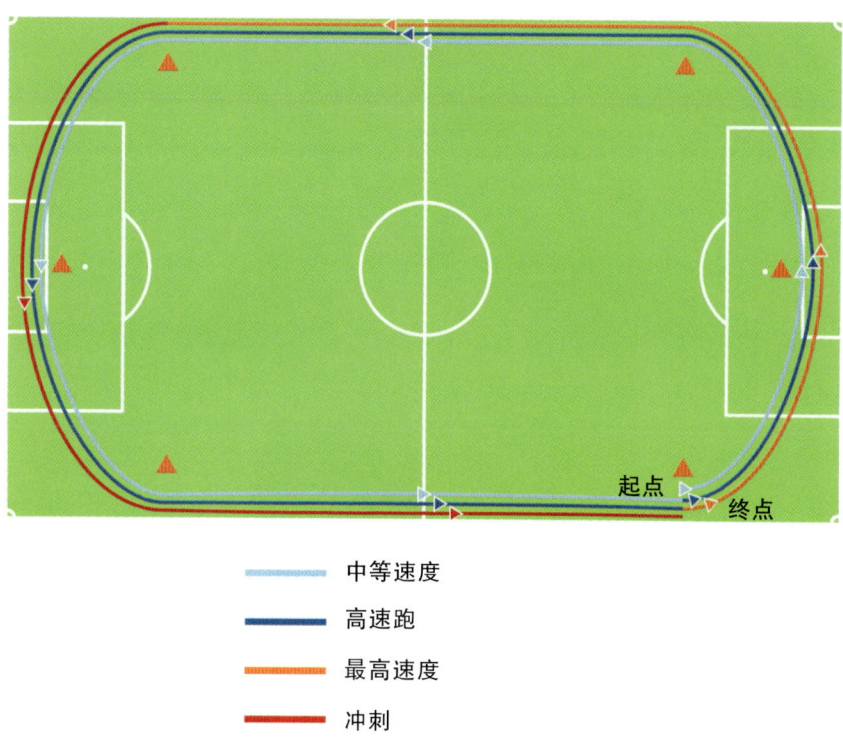

图6-1

采用递增场地测试最大心率,逐渐增加跑动速度。

总结

通过Yo-Yo IE或Yo-Yo IR测试对最大心率进行评估。同样,也可以使用逐渐增加速度的递增场地测试对最大心率进行评估。

良好的耐力基础可以使得球员在高强度下重复完成动作。

7. 非力竭性耐力测试

在比赛日程紧密阶段，教练员可能不想进行力竭性的体能测试。因此，教练员可以采用非力竭性的，即次最大强度体能测试。在这些测试中，我们可以根据心率的反应了解球员的体能。如果测试中心率较低，证明球员的耐力素质更好。为了对球员的心率反应进行比较，次最大强度测试结束后的心率可以用最大心率百分比表示（相对心率），并通过下列公式计算得出：

相对心率=（监测心率/最大心率）×100%

例如，一名球员的最大心率为194次/分，测试后的心率为162次/分，那么相对心率为最大心率的83.5%。

科学研究显示，非力竭性Yo-Yo IE2测试后的相对心率与Yo-Yo IE2测试成绩成负相关，即较低的心率表明测试成绩更好。同样，6分钟Yo-Yo IR1测试后的相对心率与完整测试后的成绩也成负相关。因此，通过次最大强度的测试方法可以评估Yo-Yo IE2和IR1测试的表现。此外，优秀球员在6分钟Yo-Yo IE2测试中的相对心率与比赛中高速跑动的距离成反比（图7-1）。而且，女子球员在非力竭Yo-Yo IR1测试后的心率表现与比赛中高强度跑动成负相关（参见图7-2）。因此非力竭性Yo-Yo IE与IR1测试为球员的足球专项耐力素质提供了有效的信息。

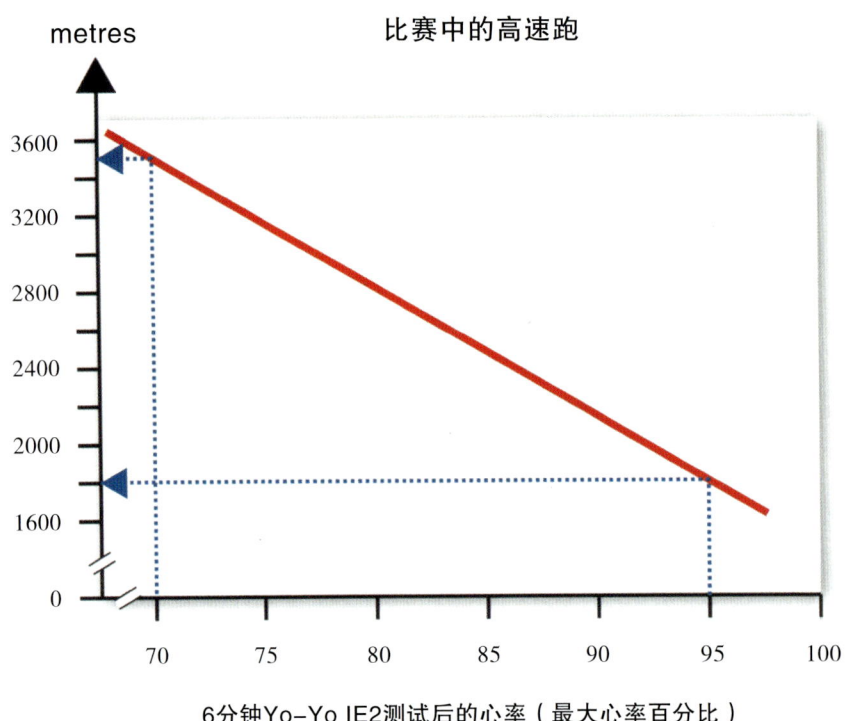

图7-1

一名优秀球员比赛中高速度跑动与Yo-Yo IE2测试中相对心率的个体关系。值得注意的是，比赛中相对心率越低，高强度跑动越多。例如，一名球员的相对心率为最大心率的70%，那么比赛中的高强度跑动约在3500米；而如果相对心率为最大心率的95%，跑动距离约为1800米。

非力竭性Yo-Yo IE与Yo-Yo IR1耐力测试

目的： 通过非力竭性测试来评估球员的间歇耐力素质。

说明： 依据球员的年龄、性别和训练水平（参见表3-1）进行6分钟的Yo-Yo IE1、Yo-Yo IE2或Yo-Yo IR1测试。完成测试后立即测量球员的心率，并以最大心率百分比表示出来。下面介绍Yo-Yo IE（1和2）及Yo-Yo IR1测试方法。除热身效果外，测试起始阶段的选择，一方面可作为测试前的准备；另一方面也让球员适应测试过程中的折返节奏。

7. 非力竭性耐力测试

非力竭性测试指导

选择第一个3分钟测试（Yo-Yo IE1，Yo-Yo IE2或Yo-Yo IR1）结束后，进行2分钟的简单拉伸。然后进行6分钟从最低等级开始的测试，Yo-Yo IE1、Yo-Yo IE2和Yo-Yo IR1的水平分别为6.5～8，14.1和15.1（图7-2）。

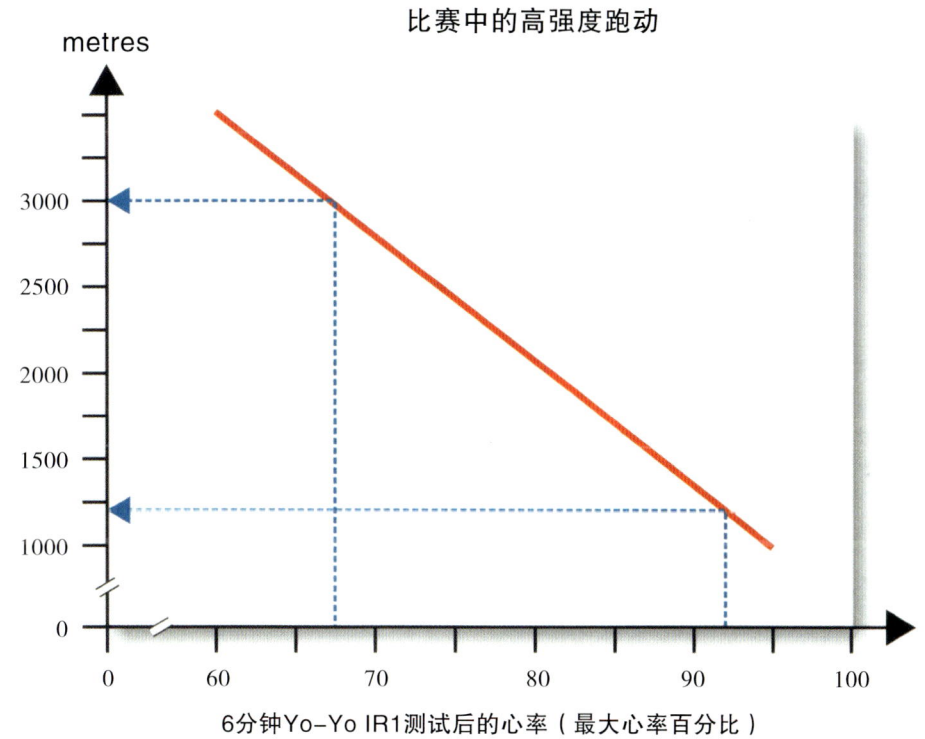

图7-2

优秀女子球员在比赛中高强度跑动与Yo-Yo IR1测试过程中相对心率的个体关系。值得注意的是，比赛中相对心率越低，高强度跑动越多。例如，一名球员相对心率为最大心率的67%，其比赛中高速跑动的距离约为3000米；若相对心率为92%，则跑动距离约为1200米。

测试结束后的心率以最大心率的百分比进行计量及表述，从而作为测试的结果。

生理反应

由于跑动速度的增加，Yo-Yo测试过程中心率逐渐增加。图7-3显示2名顶级球员以200次/分最大心率进行Yo-Yo IE2非力竭性测试中的心率反应。球员2在14.1水平心率达到了161次/分，相当于最大心率的80.5%。球员1心率达到了168次/分，相当于最大心率的84.0%。因球员2相对心率较低，球员2比球员1拥有更好的间歇性耐力能力。

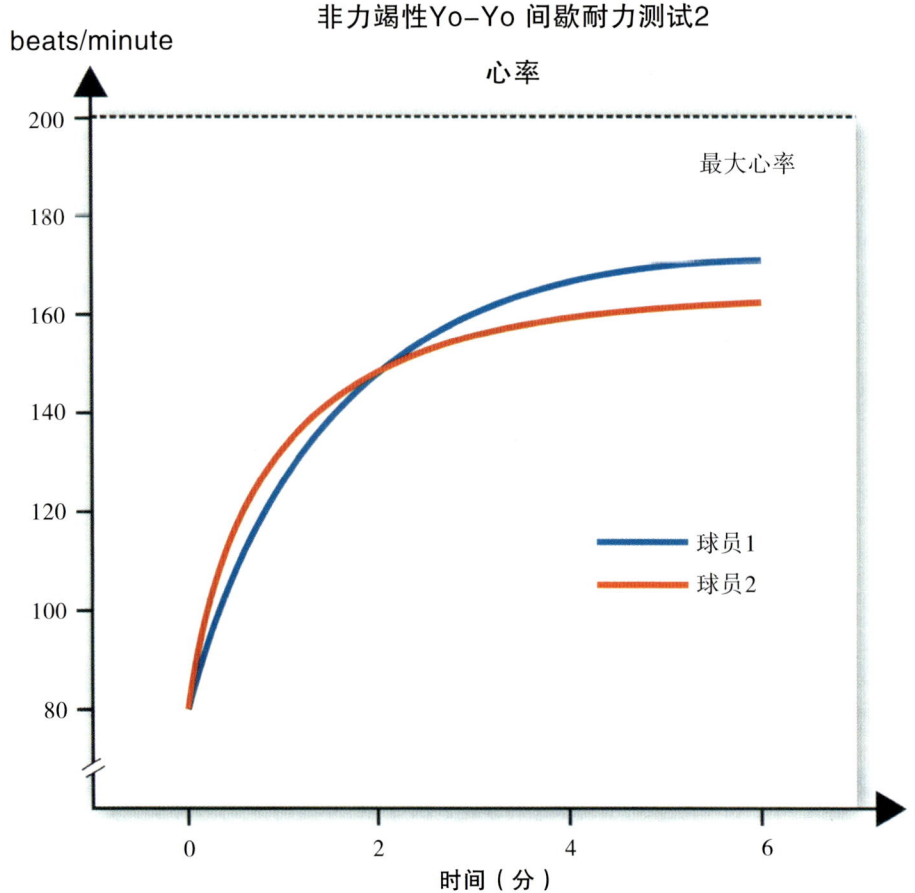

图7-3

不同训练水平的优秀男子球员在6分钟Yo-Yo IE2非力竭性测试中的心率反应。2名球员最大心率为200次/分。值得注意的是，球员2（红线）的测试结果好于（测试结束后心率较低）球员1（蓝线）。

非力竭性Yo-Yo IE1和IE2测试结果解释

表7-1显示了青少年男子、女子及业余球员在非力竭性Yo-Yo IE1测试中的成绩等级。如果球员在Yo-Yo IE1测试中表现非常好或出色，就应该让他们进行非力竭性Yo-Yo IE2测试。表7-2显示了顶级球员在Yo-Yo IE2测试中的成绩等级。顶级男子和女子球员在非力竭性Yo-Yo IE2测试中的最大心率分别在70%和75%以下。

表7-1 男子（A）和女子（B）球员非力竭性Yo-Yo IE1测试结果记录的成绩等级

A-男子

非力竭性Yo-Yo IE1测试

心率（%最大心率）	等级评估
60%~65%	优秀
65%~75%	非常好
75%~80%	好
80%~85%	中等水平
85%~90%	低水平
90%~100%	低下水平

B-女子

非力竭性Yo-Yo IE1测试

心率（%最大心率）	等级评估
65%~70%	优秀
70%~75%	非常好
75%~85%	好
85%~90%	中等水平
90%~95%	低水平
95%~100%	低下水平

表7-2 男子（A）和女子（B）球员非力竭性Yo-Yo IE2测试结果记录的成绩等级

A-男子

非力竭性Yo-Yo IE2测试

心率（%最大心率）	等级评估
60%~70%	优秀
70%~80%	非常好
80%~85%	好
85%~90%	中等水平
90%~95%	低水平
95%~100%	低下水平

B-女子

非力竭性Yo-Yo IE2测试

心率（%最大心率）	等级评估
65%~70%	优秀
70%~75%	非常好
75%~85%	好
85%~90%	中等水平
90%~95%	低水平
95%~100%	低下水平

非力竭性Yo-Yo IR1测试结果解释

顶级男子球员在6分钟非力竭性Yo-Yo IR1测试中最大心率的平均值为75%（范围：66%～86%），女子球员的平均值为85%左右（范围：80%～95%）。表7-3提供了男、女优秀球员关于Yo-Yo IR1测试结果的等级体系。

表7-3 男子（A）和女子（B）球员非力竭性Yo-Yo IR1测试结果记录的成绩等级

A-男子

非力竭性Yo-Yo IR1测试

心率（%最大心率）	等级评估
65%～70%	优秀
70%～75%	非常好
75%～80%	好
80%～85%	中等水平
85%～95%	低水平
95%～100%	低下水平

B-女子

非力竭性Yo-Yo IR1测试

心率（%最大心率）	等级评估
70%～75%	优秀
75%～80%	非常好
80%～85%	好
85%～90%	中等水平
90%～95%	低水平
95%～100%	低下水平

非力竭性Yo-Yo IE2和Yo-Yo IR1测试后的相对心率，可以用来评估在比赛中的跑动距离（参见图7-1、图7-2）。

专项位置

在对优秀球队的观察中发现，非力竭性Yo-Yo IE2测试成绩与专项位置高度相关，边后卫球员、边路及中前卫球员的测试值低于（最大心率的65%～80%）中后卫球员及前锋球员（75%～85%）。图7-4显示了球队中所有球员在次最大强度的Yo-Yo IR1测试成绩上不同位置的区别。边后卫和前卫球员（最大心率的70%～80%）比前锋球员和后卫有更好的测试结果（最大心率的80%～85%）。因此，不同专项位置上的球员测试结果也是不同的。

7. 非力竭性耐力测试

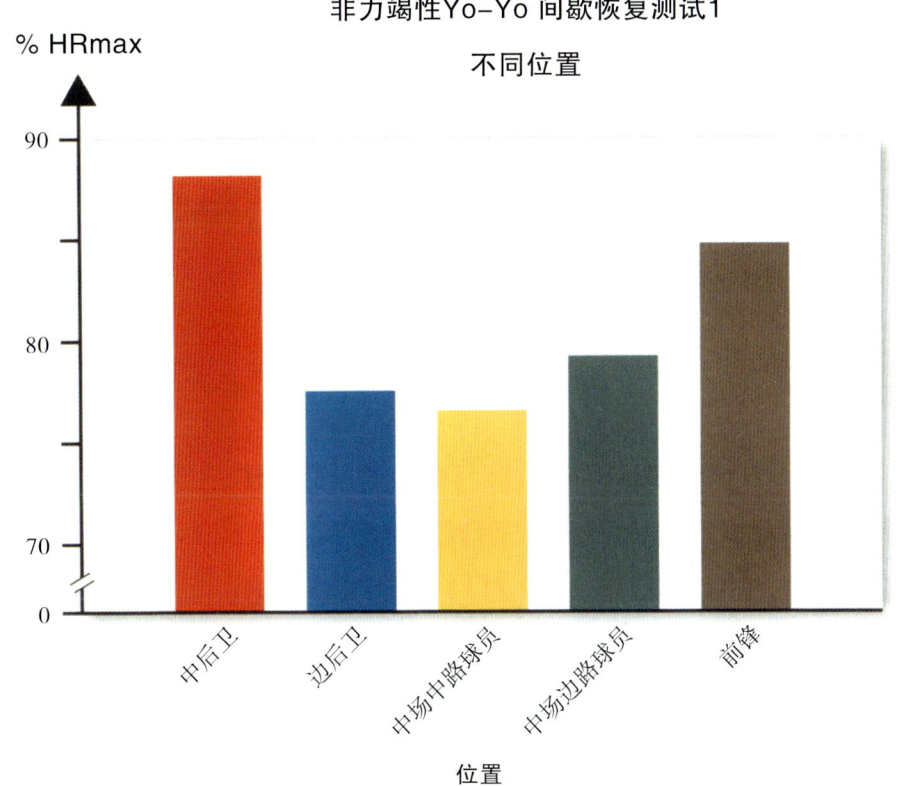

图7-4

联赛中所有球员在非力竭性Yo-Yo IR1测试中相对心率与专项位置的关联。值得注意的是，前卫球员和后卫球员的值低于（成绩更好）中后卫球员和前锋球员。

赛季变化

丹麦国家队在2004年欧洲锦标赛（2004欧洲杯）前，利用非力竭性Yo-Yo IE2测试来评价球员的体能水平。球员分别在赛季中的3月份，5月份赛季结束后准备期刚刚开始的1~2周中，以及在2004欧洲杯首场比赛开始前的9天进行了测试。球员的心率以最大心率百分比的形式表示，赛季后的心率测试值更高，说明体能水平下降。然而，在准备期有氧高强度的训练使球员能力达到最佳，在非力竭性测试中的心率恢复到了赛季中的水平，这反映出球员的耐力素质有了明显改善。

很明显,非力竭性Yo-Yo IE2测试在评估耐力素质短期的变化上足够敏锐。同样,丹麦国家队在备战2010南非世界杯的Yo-Yo IE2测试中,心率的变化上出现了明显下降(图7-5)。

最近研究显示,欧洲联赛的所有球员在整个赛季中都进行了6分钟的非力竭性Yo-Yo IR1测试。准备期早期阶段的相对心率达到最大心率的92%,在赛季开始时降低到85%,并在整个赛季中保持这种状况(图7-6)。因此,通过测试可以评估球员在准备期中能力的变化。

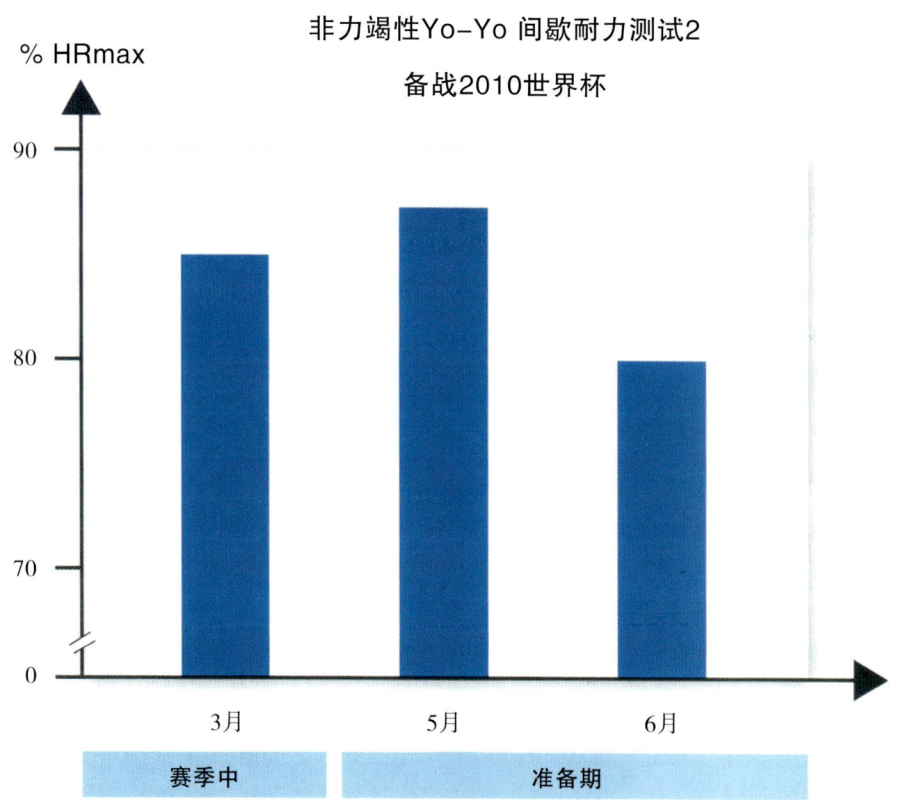

图7-5

丹麦国家队备战2010世界杯准备期第一阶段(5月)前、(6月)后及赛季中进行非力竭性Yo-Yo IE2测试的心率情况。

7. 非力竭性耐力测试

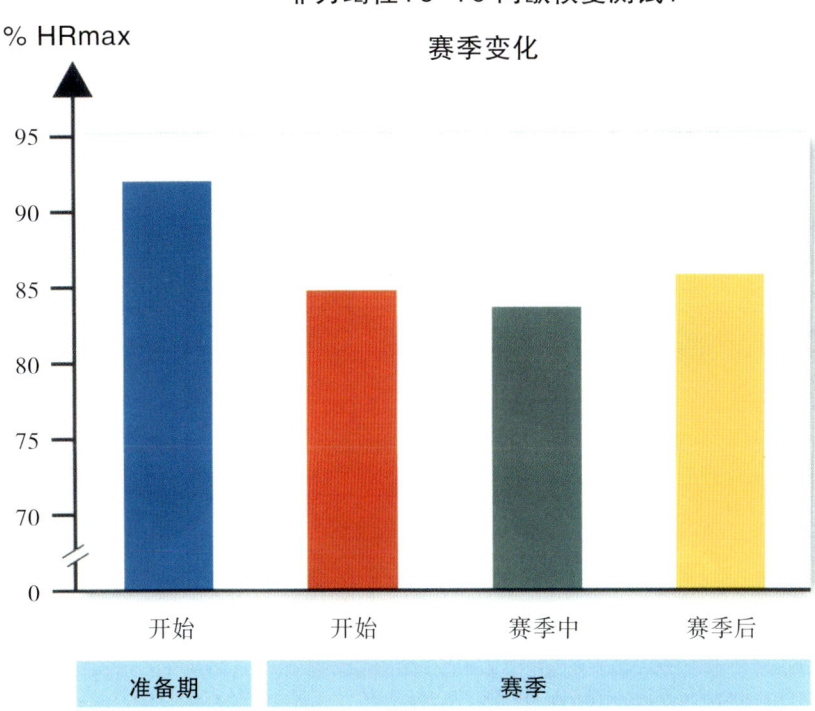

图7-6

联赛中所有球员在赛季中进行非力竭性Yo-Yo IR1测试。值得注意的是,在准备期相对心率的降低证明了能力水平的增加。

总结

非力竭性Yo-Yo IE测试,或者非力竭性Yo-Yo IR1测试可以作为心率监测的常规测试。这种测试方法非常敏锐地观察到不同位置上的球员在赛季不同周期,以及经过短期的体能强化训练后在竞技能力上的差异(图7-7)。

足球体能测试

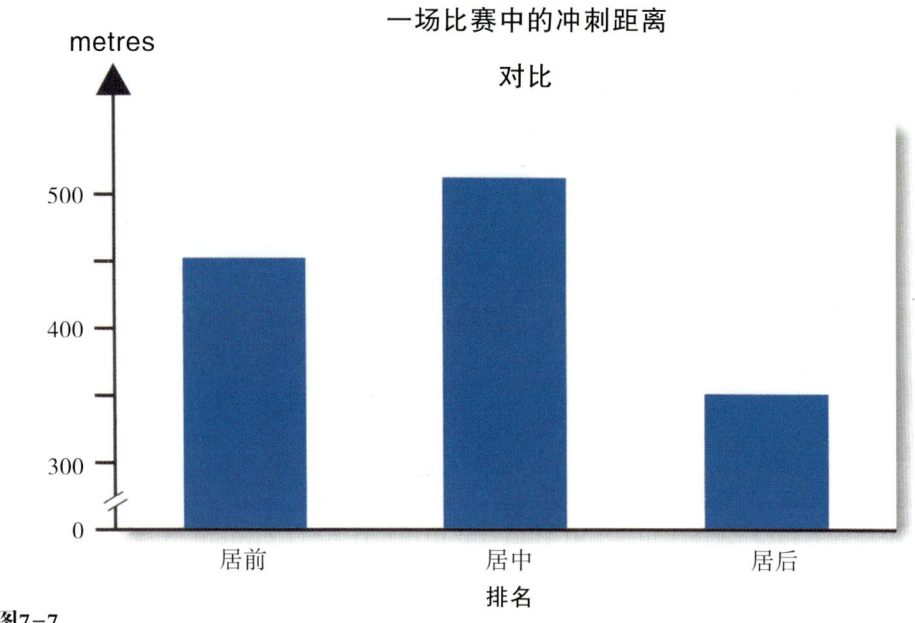

图7-7

斯堪的纳维亚顶级联赛排名居前、中、后的球队在比赛中冲刺距离的情况。值得注意的是,排名最后的球队在跑动距离上远远低于排名居中和居前的球队。

良好的冲刺能力可以帮助球员抢先获得球权。

8. 速度测试

出色的冲刺能力对一名优秀足球运动员来说是非常重要的。正因如此，研究显示顶级水平的男子及女子球员在比赛中的冲刺能力比较低竞赛水平的球员高出50%~60%。另外，20年前就已经证实顶级球员的冲刺能力更好。事实上，在斯堪的纳维亚顶级联赛中排名居中及居前的球队在比赛中的冲刺能力比排名较低的球队高出约20%，这进一步证明具有良好冲刺能力的重要性（参见图7-7）。最近从英超联赛顶级球员中也同样发现，与级别较低的半职业球队球员进行比较，顶级球员在比赛中具有更高的平均冲刺速度且能够达到更高的峰值（图8-1）。因此，比赛中的冲刺速度及反复冲刺能力随竞技水平而增

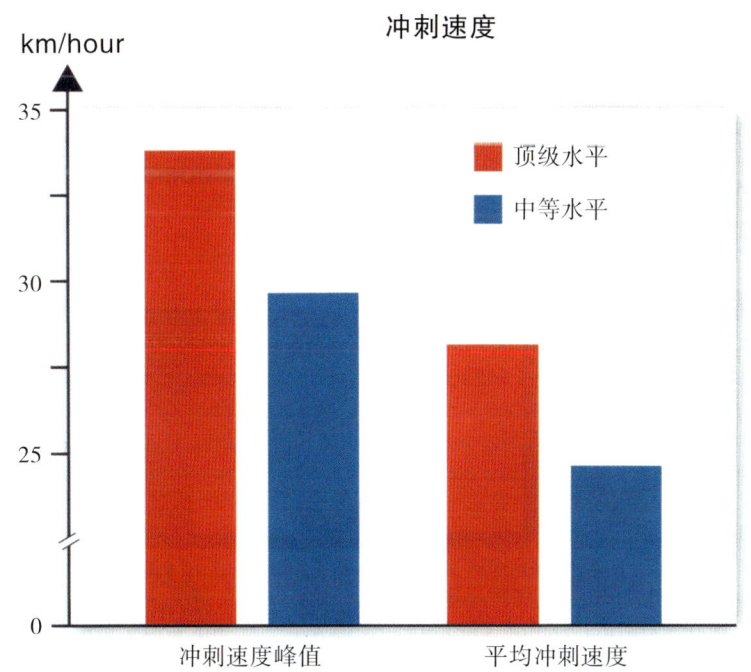

图8-1

顶级球员（红柱）与中等水平球员（蓝柱）在比赛中的冲刺跑峰值及平均冲刺速度的对比。值得注意的是，顶级球员在两个方面的能力均明显高于中等水平球员。

高，且应该经常对此进行测试。

科学研究显示，顶级球员和中等水平球员在比赛中冲刺跑的时间及距离并没有差异，但是在冲刺的次数上，顶级球员较高（图8-2）。比赛中球员冲刺的平均距离只有15~20米，此外，大多数球员冲刺更多的是短距离的跑动，很少达到最大冲刺速度（图8-3）。比赛中高质量的反复冲刺能力与每次冲刺后快速恢复的能力相关。同样，比赛中的冲刺距离与反复冲刺测试中的成绩相

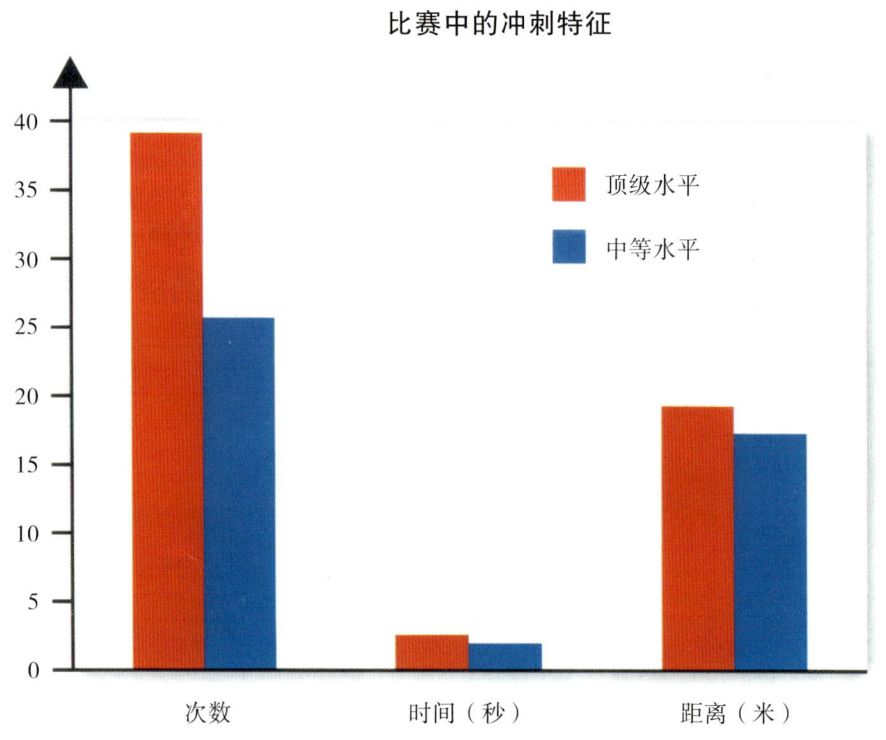

图8-2

英超联赛顶级球员（红柱）与中等水平球员（蓝柱）在比赛中冲刺跑的次数（左侧）、持续时间（中间）、距离（右侧）上的对比。值得注意的是，顶级球员在冲刺跑的数量上高于中等水平的球员，而在持续时间和冲刺距离上并无差异。

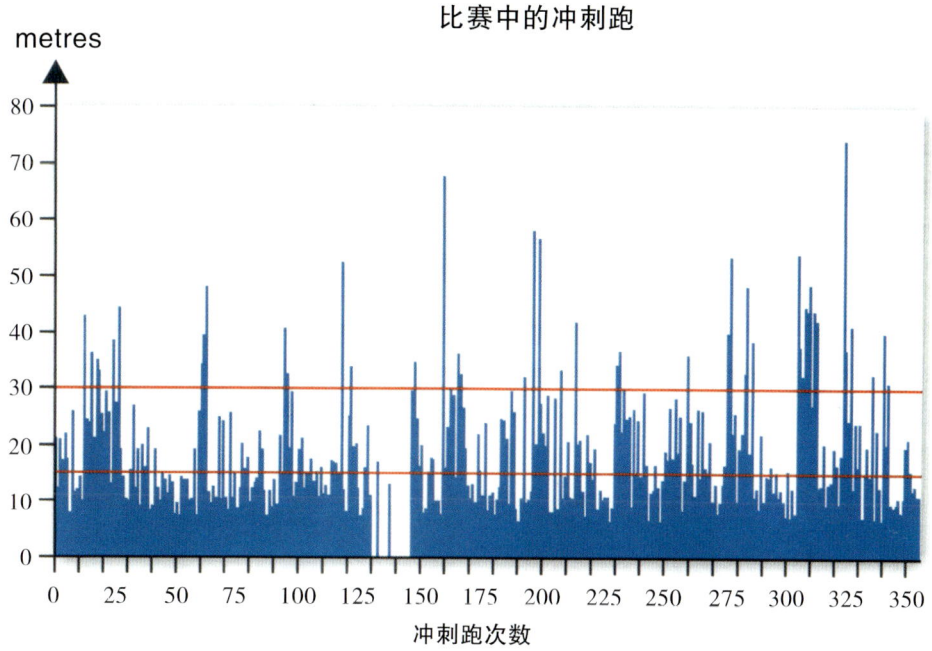

图8-3

图为一支球队在比赛中的所有冲刺。值得注意的是,球员大多数的冲刺小于15米(图中较低的红线),但其中也有一些超过30米的冲刺(图中较高的红线)。

关。另外,西班牙职业球员在30米往返冲刺测试中的疲劳指数(第一次与最后一次冲刺)与比赛尾声阶段冲刺能力趋于下降的情况具有相关性。这表明反复冲刺测试可以为比赛中反复冲刺能力提供准确的评估。

足球比赛中冲刺跑的恢复时间平均在150~200秒,但在更高强度的比赛中有些冲刺间的恢复时间只有几秒钟。尽管事实上大多数的比赛中冲刺只有10~20米,或有更长距离的冲刺(参见图8-3),但同样都显示出超过30米的冲刺所需要的恢复时间长于短距离冲刺后的平均恢复时间。这些发现意味着完成这些冲刺需要特殊的体能需求。

一些中前卫球员具备进攻的纵深跑动直至罚球区的专项能力。图8-4显示了一名英超联赛的中场队员在比赛中的冲刺情况，包括对所有冲刺的速度、距离和持续时间进行了分析。这名球员拥有很高的冲刺次数，大多数的冲刺距离相对较长并达到了很高的冲刺速度。对于这种类型的球员来说，尤为重要的是在高强度的冲刺之间快速地进行恢复。

一名顶级球员在比赛中的平均最高冲刺速度为25～30公里/小时，冲刺速度的峰值可以达到30～35公里/小时。图8-5显示了顶级球队中球员在比赛中冲刺速度的峰值与平均值。很明显，在速度表现方面，球员之间有很大的差异。

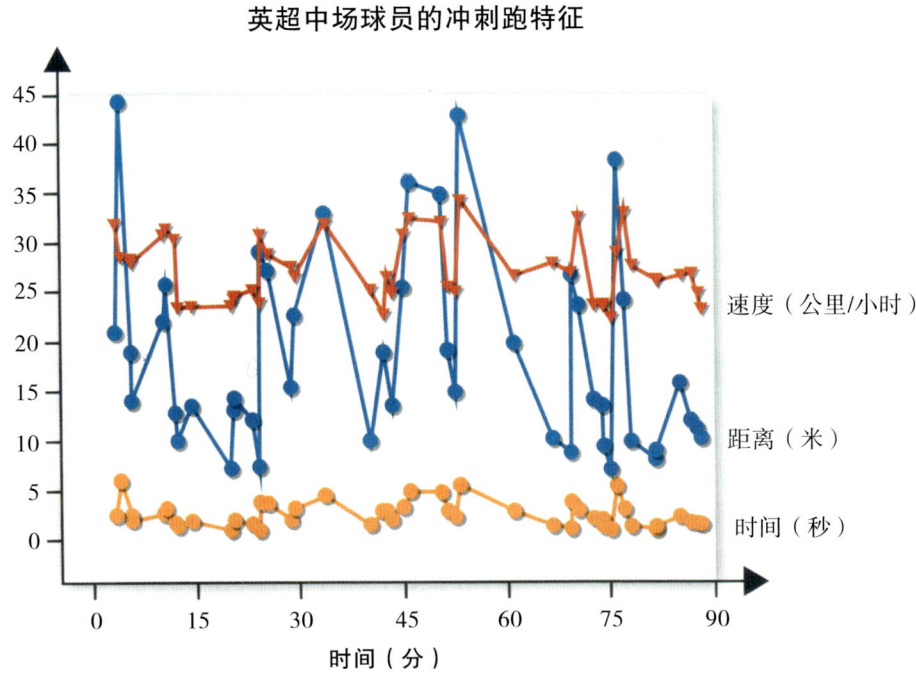

图8-4

英超联赛一名中场球员在比赛中的冲刺情况（冲刺时间、距离和速度）。值得注意的是，其中有相当多的冲刺跑距离超过了30米。

8. 速度测试

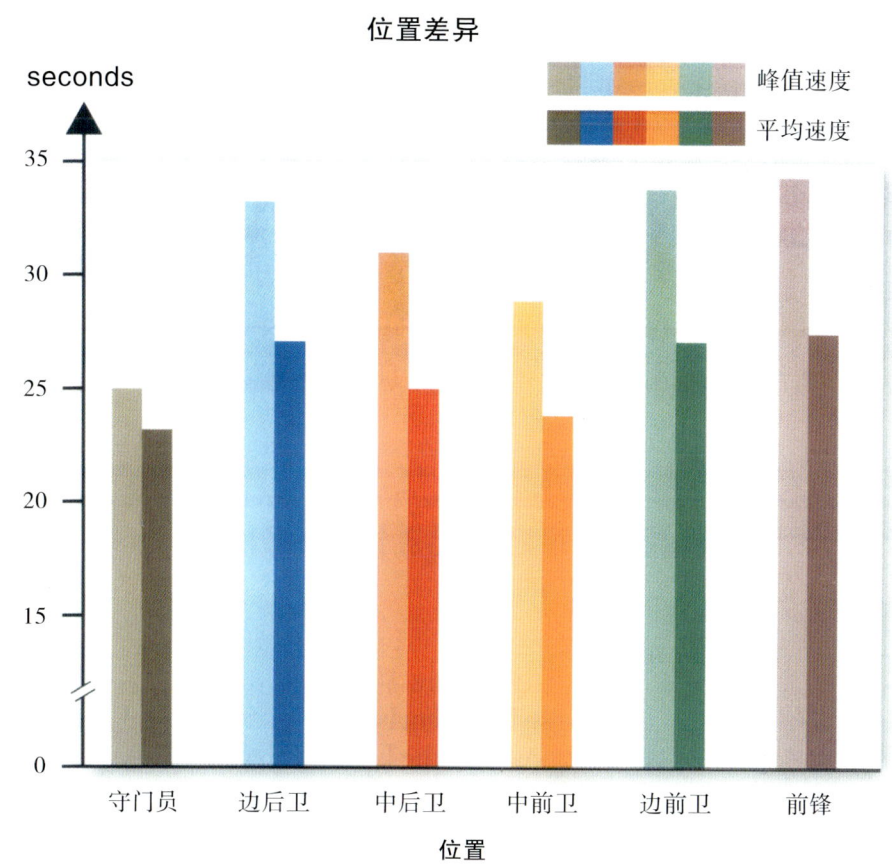

图8-5

全队球员在比赛中平均速度（深色）和峰值（浅色）速度的表现。值得注意的是，球员之间存在差异，前锋球员的速度更快。

例如，守门员无疑是球员中速度最慢的。此外，边后卫、进攻球员和边前卫球员比中前卫球员速度更快。有意思的是，在2名中后卫球员之间存在明显差异，其中一名中后卫球员的冲刺速度慢，而另一名中后卫的冲刺速度可与前锋球员媲美（图8-6）。这些差异的产生，除了由于战术角色及比赛风格的不同之外，也是因为球员冲刺能力的不同所致。通过近期对英超联赛的观察来看，边前卫和前锋球员比赛中进行更多的是逐步加速，而中前卫球员更多的是爆发

足球体能测试

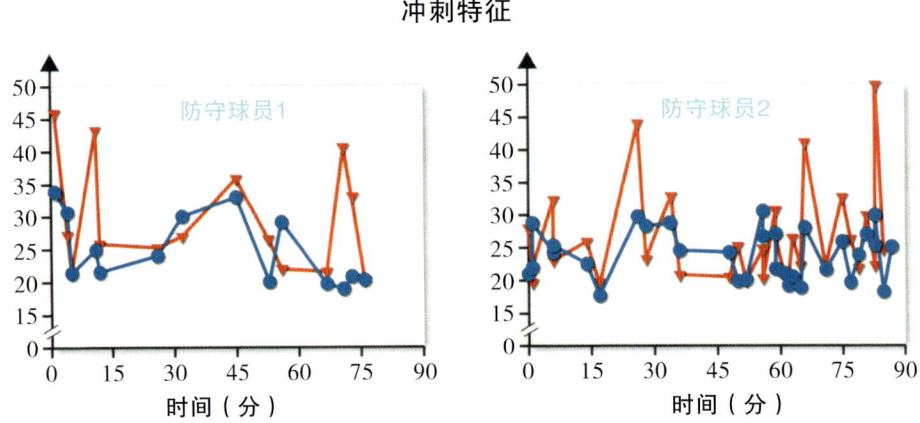

图8-6

2名中后卫球员的冲刺情况。图中圆圈和三角代表2名球员每一次冲刺跑动速度的峰值及距离。值得注意的是,防守球员2的冲刺次数明显高于防守球员1。

性冲刺,能够立即加速至最大冲刺速度。由于不同位置的球员冲刺表现是不同的,因此在进行冲刺测试的时候应该考虑到这一点。例如,为了对行进间冲刺能力进行测试,在进行冲刺测试前可以给球员10米的加速阶段,以确保测试的合理性。

　　足球比赛中冲刺跑动的类型是多样的。其中直线冲刺跑的数量较少。比赛中大部分的冲刺跑,通常是在突然转身后进行的曲线跑。研究表明,球员在比赛中的转身次数约达到800次,大多数的转身为0°~90°。许多顶级球队建立了高标准的技术比赛分析系统,如多维摄像系统或高分频的全球定位系统(GPS)。有些系统还能够描绘出球员在比赛中的冲刺路线(参见图8-7)。很明显,球员在比赛中要完成曲线冲刺或是结合变向的冲刺,所以在选择冲刺测试的方法时应该考虑到这些因素。因此,这些因素同样要在球员专项冲刺测试的设计中有所考虑。图8-6中显示了同队2名球员在冲刺情况上较大的差异。一些球员进行大量的长距离冲刺且恢复时间短,因此对这些球员进行反复冲刺测试是非常重要的。另一方面,一些球员只进行了短距离的起动且恢复时间长，对于这些球员来说，更重要的是对他们的起动能力进行测试。

由于足球运动中冲刺活动的专项特征，球员对足球专项刺激的感知和反应能力同样也是非常重要的。此外，对一些球员来说，在运球的同时保持高速度是很重要的。例如，研究表明在控球时，顶级球队比排名较低的球队具有更多的高强度活动。因此，冲刺测试中同样应包含技术元素。

比赛中的冲刺轨迹

上半时

下半时

图8-7

西班牙一名顶级边前卫球员在比赛中的冲刺轨迹。值得注意的是，球员冲刺更多的是短距离及曲线冲刺跑。

总体来说，科学研究已表明比赛中反复冲刺及快速运动的能力是顶级球员的基础。冲刺距离一般为10～20米，有时则距离更长，其中冲刺包含了方向的改变。冲刺间的恢复时间通常为100～200秒，但有些时候恢复时间更短。足球中的冲刺跑是结合球来进行的。对球员比赛中的冲刺能力进行测试时，无论是单次或重复的冲刺测试，结合球或无球的，以及方向的改变都可以进行测试。下面介绍3种单一且与球员相关联的测试指导。首先介绍如何准备冲刺测试。

冲刺测试准备

冲刺测试应在相同的场地条件下（跑道、室内、人造草等），每一次穿相同类型的鞋来进行，因为地面对测试结果有很大的影响。正式冲刺测试前球员需要从以前的比赛和训练中完全恢复，并且需要在安排标准且有质量的热身活动后进行。

热身

- 进行5分钟腿部肌肉的专项活动的慢跑（股四头肌，腘绳肌以及内收肌群）、跳跃、折返跑、侧向跑、后退跑等。
- 慢跑5分钟，穿插短距离中等强度起动跑。例如，慢跑20秒，起动距离10米，慢跑10秒，转身并进行15秒的加速跑等。
- 2～3分钟的拉伸。
- 4～6次20～30米跑，前两次进行高速跑，后两次接近最大强度，穿插慢跑。

直线冲刺能力

测试时可以选择不同距离的单一或反复直线测试,例如,距离为5米、10米、20米和30米冲刺。图8-8显示了2名球员测试的结果。球员1的10米冲刺测试成绩较好,而球员2在20米和30米测试中的成绩更好,这显示出通过10米和30米测试的成绩可以为我们提供有价值的信息。同样清楚的是测试可以了解球员的能力。例如,比利时联赛两支顶级球队中的主力球员在5米和30米的冲刺成绩上(1.04秒和4.19秒)好于非主力球员(1.13秒和4.31秒)。同样,国家队球员在反复进行30米直线冲刺测试的成绩比相同联赛中的非国家队球员成绩更好(4.23秒和4.39秒)。

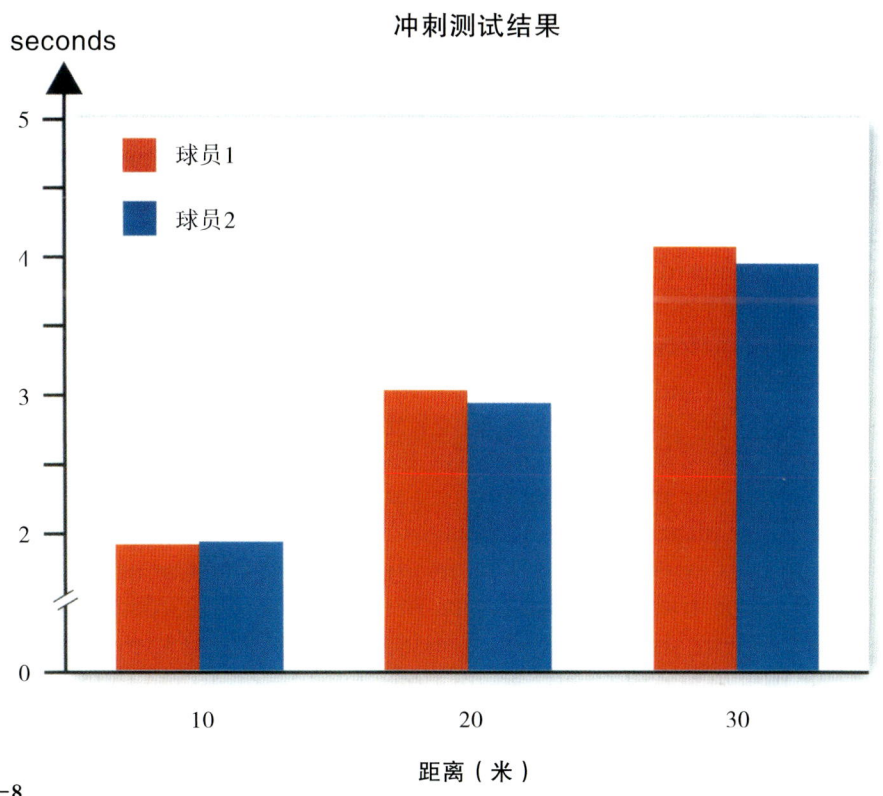

图8-8

2名球员进行10米、20米和30米冲刺测试的结果。值得注意的是,球员1(红柱)比球员2(蓝柱)的成绩在初始阶段更好,球员2则在最后的测试中更快。

直线冲刺测试

目的： 评估球员的反复直线冲刺能力及峰值。

器材： 电子计时设备，例如，光电装置、秒表、皮尺、8个标志物（高度最好小于1.5米）及一支笔。

测试场地： 图8-9展示了测试场地。门1为起点，门2、3和4分别标出了10米、20米和30米线。光电装置放置在标志物处约1米高，门的宽度为2米。

说明： 球员从门1处准备，一只脚踩在起点线上，另一只脚位于线后。测试者口令"3、2、1，跑"，然后球员开始跑动并冲刺30米通过门（4）。因为很多球员会在30米处门（4）前减速，测试场地的长度安排应该延长5米（电子计时设备必须设置于门4处），以确保记录真实的30米冲刺成绩。10米、20米和30米的冲刺时间均可以记录下来。如果使用秒表对10米、20米、30米的成绩计时，必须要独立进行（例如两次10米冲刺，两次20米冲刺和两次30米冲刺）。这种情况下，每次测试需要2名测试者，2名测试者计时的平均值为最终测试结果。

直线冲刺测试路径

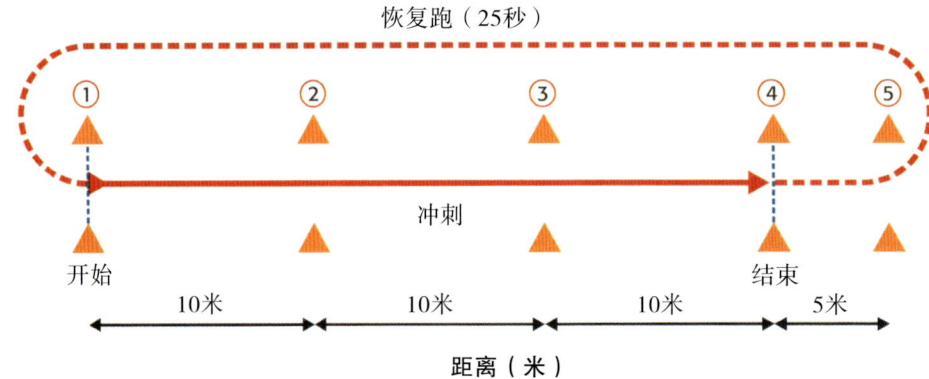

图8-9

直线冲刺测试路径。

30米反复冲刺能力的测试应进行5次，每次之间有25秒的恢复时间。第一次冲刺后，球员有22秒的时间慢跑回起点（1）。然后，开始倒计时。记录5次冲刺跑的时间。测试结果包括最快的冲刺时间及所有冲刺的总时间，测试可评估球员反复冲刺的能力。此外，疲劳程度可以进行差异计算，以百分比表示。球员最快一次的冲刺时间和第五次冲刺时间为我们提供了其持续冲刺能力的信息（表8-1）：

疲劳指数=（最后冲刺−最快冲刺）/最快冲刺×100%

例如，疲劳指数=（4.5秒−4.0秒）/ 4.0秒×100% = 12.5%

表8-1　优秀球队中所有球员在直线冲刺测试中的结果

球员	30米-1（秒）	30米-2（秒）	30米-3（秒）	30米-4（秒）	30米-5（秒）	平均值（秒）	最好值（秒）	疲劳指数（%）
1	4.56	4.58	4.65	4.67	4.73	4.64	4.56	3.7
2	4.47	4.53	4.60	4.65	4.73	4.60	4.47	5.8
3	4.46	4.60	4.67	4.56	4.68	4.59	4.46	4.9
4	4.38	4.49	4.50	4.52	4.65	4.51	4.38	6.2
5	4.49	4.60	5.02	5.03	5.07	4.84	4.49	12.9
6	4.52	4.59	4.76	4.78	4.87	4.70	4.52	7.7
7	4.25	4.35	4.42	4.39	4.41	4.36	4.25	3.8
8	4.16	4.31	4.32	4.33	4.37	4.30	4.16	5.0
9	4.43	4.45	4.44	4.47	4.50	4.46	4.43	1.6
10	4.97	4.99	5.04	5.05	5.09	5.03	4.97	2.4
11	4.42	4.45	4.47	4.51	4.53	4.48	4.42	2.5
12	4.40	4.37	4.49	4.46	4.50	4.44	4.37	2.3
13	4.27	4.41	4.38	4.40	4.44	4.38	4.27	4.0
14	4.10	4.19	4.26	4.29	4.31	4.23	4.10	5.1
15	4.36	4.39	4.43	4.45	4.53	4.43	4.36	3.9
16	4.49	4.57	4.53	4.55	4.62	4.55	4.49	2.9
17	4.39	4.58	4.53	4.55	4.56	4.52	4.39	3.9
平均值	4.42	4.50	4.56	4.57	4.62	4.53	4.41	4.6

生理反应

在30米冲刺中，4~5秒的时间内，能量由肌肉中高能磷酸盐提供（三磷酸腺苷及磷酸肌酸），同样碳水化合物通过糖酵解过程分解（糖原）提供能量。这时同样产生了乳酸（糖原分解后生成），反复冲刺测试中所采集的血液样本在第3次（7毫摩尔/升）与第5次冲刺（9毫摩尔/升）后达到较高水平。此外，有氧供能系统在反复冲刺测试中扮演重要角色，尤其在25秒的恢复间歇过程中磷酸肌酸的再合成，主要依靠肌肉中氧的分配与利用。在反复冲刺测试过程中，球员的平均心率可达165次/分（对应85%最大心率）也说明了这一点（图8-10）。因此，5次30米冲刺测试动用了球员的ATP与CP系统，糖酵解及有氧供能系统。

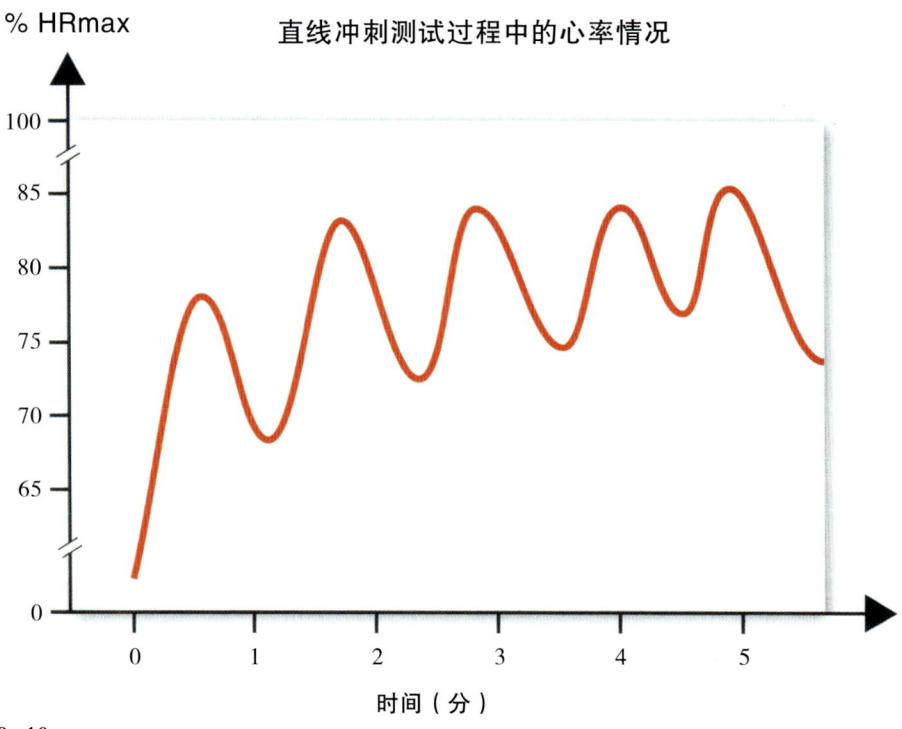

图8-10

直线冲刺测试过程中的心率表示为最大心率的百分比（%最大心率）。

8. 速度测试

球员进行冲刺跑训练。

测试结果解释

表8-1显示的是斯堪的纳维亚半职业球队的测试结果。其中包括5次冲刺的值、总冲刺时间、最快冲刺时间及疲劳指数。例如，13号球员平均冲刺速度最好，然而他的疲劳指数很高，表明其冲刺间的恢复能力较差。因此，针对这名球员应采取专项训练以提高其恢复能力。表8-2显示了男子与女子球员在直线冲刺测试中平均冲刺成绩的能力分级。

表8-2 男子（A）和女子（B）球员在直线冲刺测试（5×30米反复冲刺）中平均冲刺时间能力分级

A-男子

直线冲刺测试-平均冲刺时间

时间（秒）	等级评估
<4.10	优秀
4.10 ~ 4.20	非常好
4.20 ~ 4.30	好
4.30 ~ 4.40	中等水平
4.40 ~ 4.50	低水平
>4.50	低下水平

B-女子

直线冲刺测试-平均冲刺时间

时间（秒）	等级评估
<4.25	优秀
4.25 ~ 4.35	非常好
4.35 ~ 4.45	好
4.45 ~ 4.55	中等水平
4.55 ~ 4.60	低水平
>4.60	低下水平

研究表明，球员在比赛中所达到的峰值冲刺速度与30米直线冲刺测试的峰值冲刺速度相关（图8-11），这表明30米冲刺测试成绩为比赛冲刺速度峰值提供了参考信息。

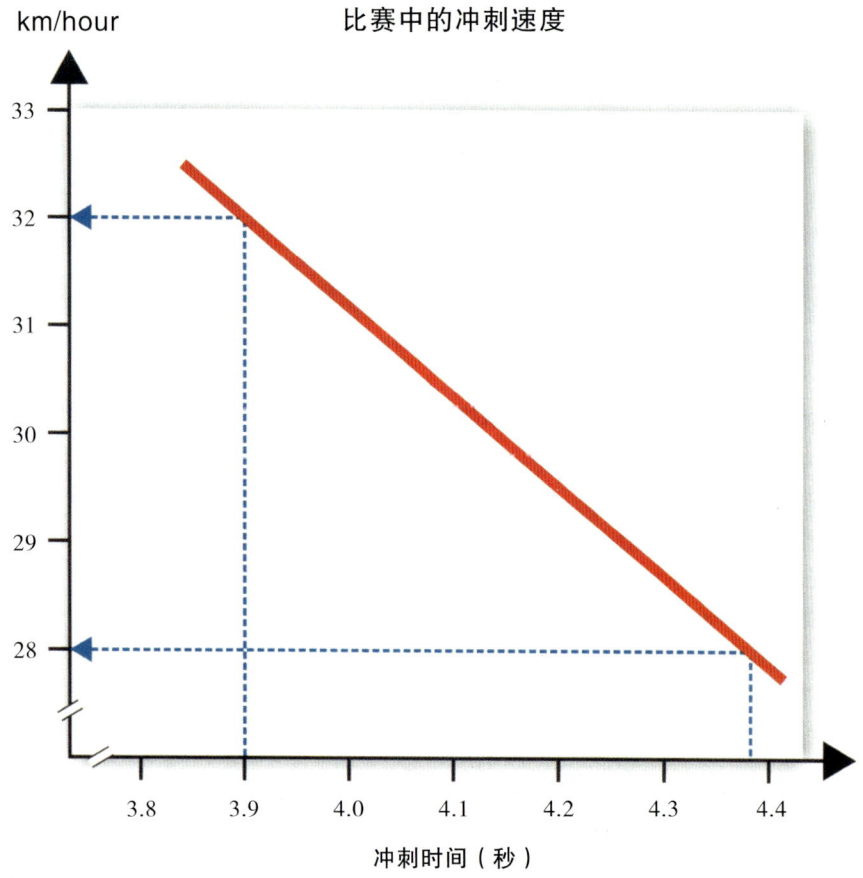

图8-11

图为比赛冲刺速度峰值与30米冲刺测试成绩间的相关性。两者关系紧密，表明30米冲刺测试成绩，为判断球员在比赛中的冲刺能力提供了有价值的信息。因此，测试成绩可以用来对比赛中球员的最大速度进行评估。例如，30米冲刺成绩为3.9秒，相当于比赛中的冲刺速度峰值为32公里/小时，如果测试成绩为4.4秒，那么比赛中的冲刺速度为28公里/小时。

专项位置

比赛中的速度需求与球员专项位置高度相关。当我们比较不同位置球员的冲刺能力时，发现他们之间存在明显差异。在对男子优秀球员的研究中发现，前锋球员和边前卫球员比中路前卫球员和中后卫球员30米冲刺成绩更好（表8-3）。因此，当评估冲刺测试结果时，应考虑到球员的专项位置。

表8-3 男子优秀球队30米冲刺成绩峰值与专项位置关系

最大速度30米冲刺（秒）				
中后卫	边后卫	中路中场球员	边路中场球员	前锋
4.35	4.37	4.40	4.10	4.07

青少年球员

青少年球员的速度很大程度上取决于球员的身体成熟程度。男孩和女孩随着年龄的增长肌肉的体积也会增大，直至青春期结束。西班牙11~18岁优秀青少年球员30米反复冲刺测试显示，冲刺速度随年龄增长而提高（表8-4）。冲刺时间的峰值和平均值也会随年龄增长得到改善。然而疲劳指数在年龄组间存在变化。

表8-4 西班牙不同年龄组的青少年球员直线冲刺测试成绩（5×30米）

年龄（岁）	30米-1（秒）	30米-2（秒）	30米-3（秒）	30米-4（秒）	30米-5（秒）	平均值（秒）	最好值（秒）	疲劳指数（%）
11	5.24	5.45	5.56	5.63	5.62	5.50	5.24	7.3
12	5.09	5.22	5.39	5.45	5.49	5.33	5.09	7.9
13	4.95	5.05	5.17	5.21	5.25	5.13	4.95	6.1
14	4.60	4.70	4.79	4.82	4.86	4.75	4.60	5.7
15	4.35	4.45	4.56	4.58	4.65	4.52	4.35	6.9
16	4.29	4.37	4.45	4.52	4.55	4.44	4.29	6.1
17	4.26	4.34	4.42	4.48	4.54	4.41	4.26	6.6
18	4.20	4.29	4.37	4.43	4.49	4.36	4.20	6.9

近期一项针对U14、U16和U18优秀男子球员所进行的研究中,对其反复冲刺、峰值冲刺速度及起动能力与年龄相关性产生的差异做了调查。球员进行了10米的起动跑,20米的冲刺跑(峰值跑动速度)及10×30米冲刺跑(反复冲刺)。调查发现,U18球员在三项速度参数上好于U16年龄组球员,而U16球员好于U14年龄组球员。此外,当去除生理成熟度对于运动表现的影响后,年龄与身高快速增长期年龄组间的差异消失。这说明生理成熟度对于球员冲刺的能力有很大的影响。

赛季变化

速度测试可以简单、快捷地实施。因此,球员在赛季中可以经常进行冲刺能力的测试(参见第13章)。依据训练的计划,速度测试同样可以作为速度训练的一部分。表8-5显示了3名球员在准备期、赛季中及赛季后的反复冲刺测试结果。球员在赛季中冲刺能力的发展有明显差异,并在不同阶段达到其峰值成绩。这表明整个赛季中需要经常以冲刺测试来确定冲刺能力的保持程度。

表8-5　3名球员赛季中反复冲刺测试成绩(5×30米冲刺)

直线冲刺测试-平均冲刺时间(秒)			
	赛季开始	赛季中	赛季结束
球员1	4.15	4.19	4.29
球员2	4.23	4.13	4.27
球员3	4.31	4.19	4.21

注意,球员1在赛季初始达到其峰值,球员2和球员3在赛季中达到。此外,球员3在赛季结束后还能保持其成绩,球员1和球员2在赛季中至赛季后冲刺能力明显下降。

8. 速度测试

变向冲刺测试

球员在比赛中多数的冲刺为曲线冲刺及90°变向冲刺。例如，前锋球员快速变向来避开防守球员。因此，足球运动中这种冲刺能力的测试是很重要的。通过曲线冲刺测试可以对反复变向冲刺的能力进行评估，研究表明，3个方向上约35米的跑动与比赛中的冲刺情况类似（图8-12）。

目的：采用球员改变方向的测试，评估其反复冲刺的能力及冲刺峰值能力。

器材：电子计时装备，以及秒表、皮尺、10个标志物（高度小于1.5米）和笔。

测试场地：冲刺距离约为35米，场地共放置6个电子记录门，每个门宽为2米。球员测试从第1个门处开始，第2个门距离第1个门10米，第3个门距离第2个门5米，位于右侧5米距离，第4个门位于第2个门10米，第5个门位于第4个门10米，第6个门位于第5个门5米（图8-12）。

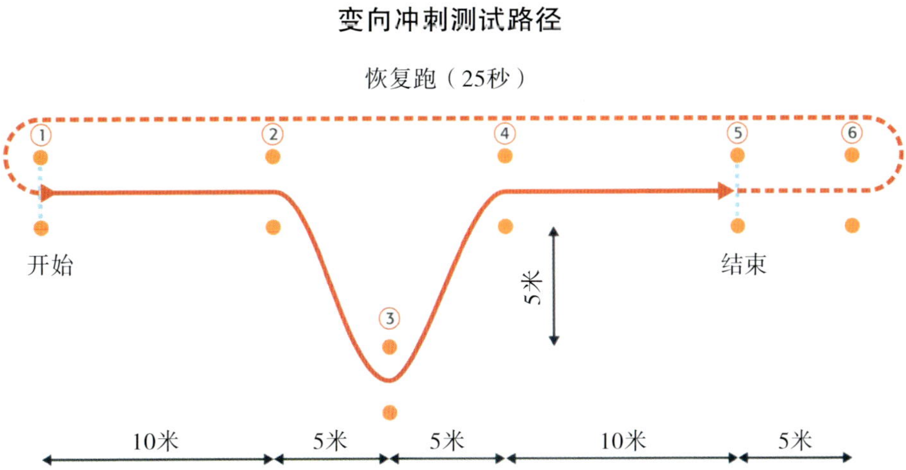

变向冲刺测试路径

图8-12

图为变向冲刺测试路径。实线为球员在测试中的跑动路线，虚线为25秒的恢复过程。

说明：球员从第一个门处准备，一只脚位于起点线上，另一只脚位于线后。测试者口令"3、2、1，跑"，然后球员开始跑动并冲刺至第5个门。在第2个门处球员改变方向并冲刺通过第3个门。接着，球员再次改变方向并冲刺通过第4个门，最后越过终点（第5个门）。冲刺时间由电子冲刺装置进行记录，例如，在第1个门和第5个门处放置电子计时系统，或利用秒表计时。冲刺后球员减速通过第6个门并在22秒内慢跑回起点（第1个门）准备下一次冲刺。球员共进行7次冲刺，每次之间有25秒的积极性恢复。测试结果以7次冲刺中的最快速度、平均速度来表示，并根据最快冲刺与最慢冲刺的数值计算疲劳指数。如果球员测试失败或违规，则本次成绩忽略不计，该次成绩以先前和之后的冲刺平均时间的平均值进行统计。表8-6为一名男子球员的测试成绩。

表8-6 一名球员变向冲刺测试的结果

冲刺跑	1	2	3	4	5	6	7
时间（秒）	6.73	6.88	跌倒	7.14	7.35	7.50	7.65
最快冲刺时间（秒）			平均冲刺时间（秒）			疲劳指数（%）	
6.73			7.18			13.7	

表8-6显示，球员冲刺峰值为6.73秒，平均冲刺时间为7.18秒。第三次冲刺中变换方向时球员跌倒，该球员通过第二次和第四次冲刺来计算其冲刺的平均时间，例如，（6.88+7.14）/2 = 7.01秒。疲劳指数为（7.65-6.73）/ 6.73 × 100%=13.7%。

测试结果解释

表8-7为顶级球员测试后的成绩对比，以及如何利用变向冲刺测试结果对球员的能力进行评定。

表8-7　男子（A）和女子（B）球员在变向冲刺测试中平均冲刺时间等级

A-男子

变向冲刺测试-平均冲刺时间

时间（秒）	等级评估
<6.60	优秀
6.60~6.69	非常好
6.70~6.79	好
6.80~6.89	中等水平
6.90~6.99	低水平
>7.00	低下水平

B-女子

曲线冲刺测试-平均冲刺时间

时间（秒）	等级评估
<6.80	优秀
6.80~6.89	非常好
6.90~6.99	好
7.00~7.05	中等水平
7.06~7.10	低水平
>7.10	低下水平

专项位置

变向冲刺测试成绩显示出与专项位置间的相关性，前锋、边前卫和边后卫球员比中后卫和中前卫球员拥有更好的峰值成绩。此外，中前卫球员比其他位置的球员疲劳指数更低（表8-8）。

表8-8　不同位置的男子优秀球员在变向冲刺测试中的成绩

	最快冲刺（秒）	疲劳指数（%）
中后卫	6.82	21
边后卫	6.71	17
中场中路球员	6.85	12
中场边路球员	6.65	18
前锋	6.69	17

创造性速度测试

足球运动中特别需要球员能够快速执行专项技术环节，如运球。一些球员可能在冲刺测试中速度很快，但却缺乏快速完成足球专项行动的能力。例如，研究表明，主力球员比非主力球员的运球速度更快。通过创造性速度测试可以对结合球快速移动的能力进行评估。

目的： 采用创造性速度测试对球员运球时的冲刺及协调能力进行评估。

器材： 电子设备（照相设施或类似装置）或一块秒表、皮尺、12个标志物（高度低于1.5米）和笔。

测试场地： 图8-13显示了创造性速度测试路径。测试最好利用罚球区作为测试区域，在罚球点周围设置起动"区域"，距离每个球门柱2米处分别放置2个旗杆作为2个射门区域。

球员进行创造性速度测试。

8. 速度测试

创造性速度测试路径

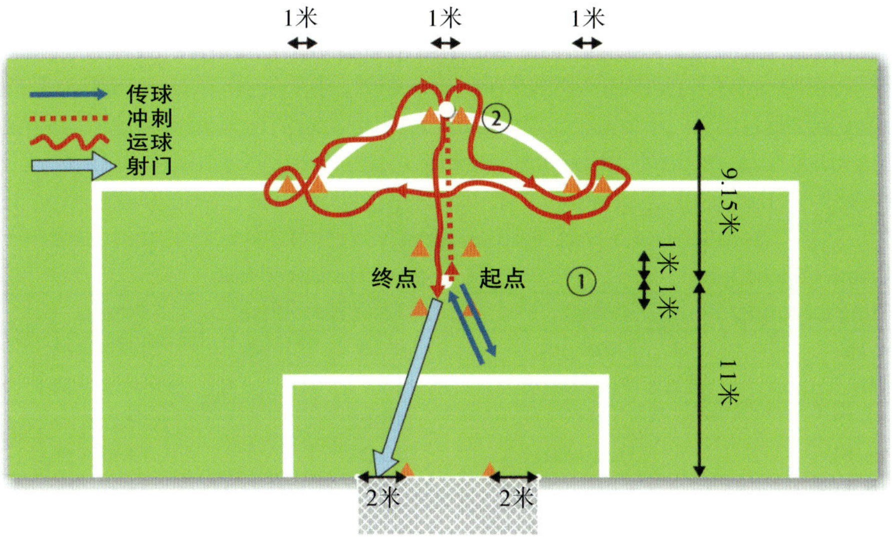

图8-13

创造性速度测试路径示意。虚线为无球跑动线路，红线为运球线路。

说明： 球员从起点区域的中间开始（罚球点；①），遵守测试程序（参见图8-13）。球从2米外传给队员，然后球员将球传回并转身向②处进行冲刺，或者由测试者口令"3、2、1，跑"，球员转身并向②处冲刺。在②处球员接球并按图中所示的线路开始运球。当球员再次回到②处时，他/她从起点区域中①处射门结束测试。球必须射进球门的一角，如果测试结果无效，球员需要重复进行测试。如果运用秒表计时，队员触球开始计时，或者当测试者口令"跑"发出时开始计时，球越过球门线后停表。如果运用电子装置计时，一个器材放置在起点处，另一个器材放置在球门线上。

热身

参见冲刺测试热身。此外，在正式测试开始前，球员应该运用低速和中速各体验一次测试程序。

测试结果解释

技术好、速度快的顶级球员测试用时约为17秒。表8-9为根据顶级球员对比后显示的创造性速度测试结果。

表8-9 男子（A）和女子（B）球员创造性速度测试成绩分级

A-男子

创造性速度测试

时间（秒）	等级评估
<16	优秀
16~17	非常好
17~18	好
18~19	中等水平
19~21	低水平
>21	低下水平

B-女子

创造性速度测试

时间（秒）	等级评估
<18	优秀
18~19	非常好
19~20	好
20~21	中等水平
21~23	低水平
>23	低下水平

总结

球员加速及高速跑动的能力对于比赛的结果来说是至关重要的，因此，对球员的冲刺能力进行评估是非常必要的。直线冲刺测试可以提供冲刺跑初始及最后阶段的相关信息。曲线冲刺测试可对球员的速度及侧向运动能力进行评估，创造性速度测试可以对球员控球快速移动的能力进行评估。进行反复冲刺测试，同样可以为球员的恢复能力提供相关的评价信息。

9. 灵敏测试

足球比赛中球员经常进行改变方向的爆发性移动，这些动作的完成与球员的协调和灵敏素质有关。科学研究显示，灵敏素质是足球运动选材的有效指标。球员的灵敏素质，可以通过下面介绍的箭头灵敏性测试来进行。

箭头灵敏性测试

球员进行箭头灵敏性测试过程中，强调球员对身体的控制及方向的改变。

目的：利用测试，评估球员在各个角度和方向上的速度、爆发力、身体控制及改变方向的能力。

器材：电子计时装置或秒表、皮尺、6个标志物（高度最好低于1.5米）及笔。

说明：首先将标志物以箭头形式分设成3组，一组标出起点及终点线（图9-1测试路径）。测试从冲刺起点开始，球员一脚位于起点线上，另一脚位于起点线后。测试者倒计时口令"3、2、1，跑"，然后球员尽可能快地从起点跑到中间标志物（A），转身后跑过侧面的标志物（C），穿过远端的标志物（B）并返回起点/终点处。球员测试2次，一次跑左侧线路，一次跑右侧线路（参见图9-1），球员至少有5分钟间隔恢复时间。如果运用标志盘进行测试，球员越过标志盘而非绕过标志盘，则测试成绩无效。测试结果为球员完成左侧和右侧2次跑动的总时间。每个方向上的成绩记录保留小数点后2位。

箭头灵敏性测试路径

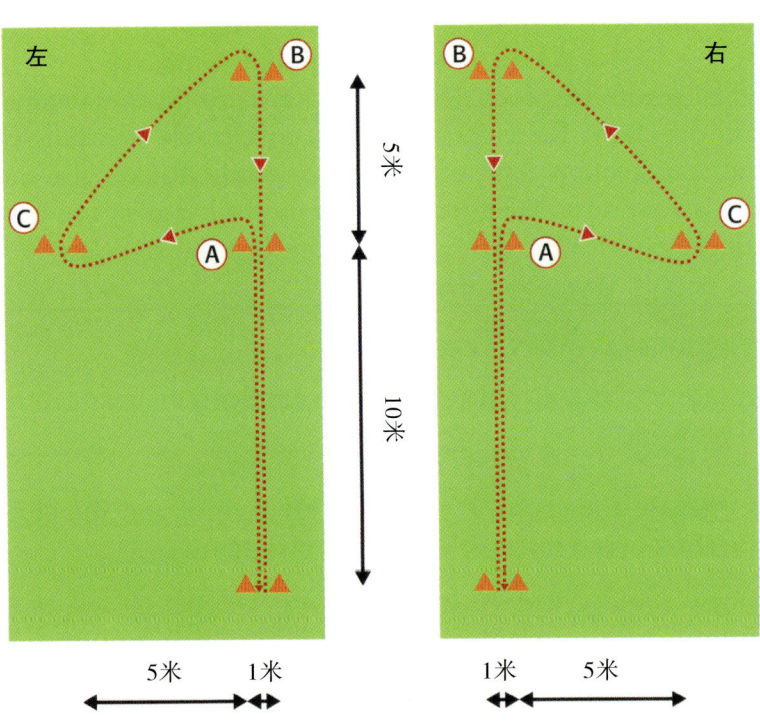

图9-1

箭头灵敏性测试路径示意。红色虚线为跑动轨迹。

热身

相关内容参见冲刺测试热身活动。此外，正式测试开始前球员应以低速和中速各试跑一次。

测试结果解释

顶级球员进行每个部分测试用时为7～8秒，测试结果为14～16秒。表9-1显示了顶级球员的测试结果，以及如何评估灵敏性测试的结果。

表9-1 男子（A）和女子（B）球员箭头灵敏性测试成绩等级

A–男子

箭头灵敏性测试

时间（秒）	等级评估
<14.0	优秀
14.0～15.0	非常好
15.0～16.0	好
16.0～17.0	中等水平
17.0～18.0	低水平
>18.0	低下水平

B–女子

箭头灵敏性测试

时间（秒）	等级评估
<15.0	优秀
15.0～16.0	非常好
16.0～17.0	好
17.0～18.0	中等水平
18.0～19.0	低水平
>19.0	低下水平

测试结果显示，职业成年球员箭头灵敏性测试成绩明显好于青少年球员。此外，测试能够区别不同年龄组优秀青少年球员间的不同（表9-2）。表中显示了两个性别上13岁和14岁球员的测试结果。

研究表明，美国青训学院的球员箭头灵敏性测试成绩，从冬季到春季（大约3个月）期间提高了约4%。U16和U18球员的测试值分别为16.35和16.25，此外美国U20国家队球员的平均测试值约为15.5秒。

表9-2 丹麦12岁和14岁男女优秀青少年球员箭头灵敏性测试结果

箭头灵敏测试–时间（秒）	
男孩	
12岁	18.0
14岁	17.4
女孩	
13岁	18.4
14岁	17.8

有球的协调性

足球比赛中，球员需要具备在狭小空间内快速运动，并完成技术动作的能力。表9-3显示了比赛中一名边前卫球员在被选技术参数上完成次数的概况。有球的灵敏素质可以通过短距离运球测试进行评估。

表9-3　比赛中优秀边前卫球员完成不同技术动作的数量

技术动作的数量	
运球	17
传中	6
射门	4
传球	34
接球	31

球员进行短距离运球测试。

短距离运球测试

目的： 对结合球的速度和协调能力进行评估。

器材： 电子计时装置或秒表、皮尺、11个标志物和笔。

说明： 标志物的摆放如图9-2所示。球员一只脚踩在起点线上，另一只脚位于线后。测试者倒计时口令"3、2、1，跑"，球员开始并按图中所示运球。如果使用标志盘，球员采用越过标志盘的方式代替绕过标志盘，则测试成绩无效。测试结果为完成测试的时间。测试成绩记录小数点后两位。

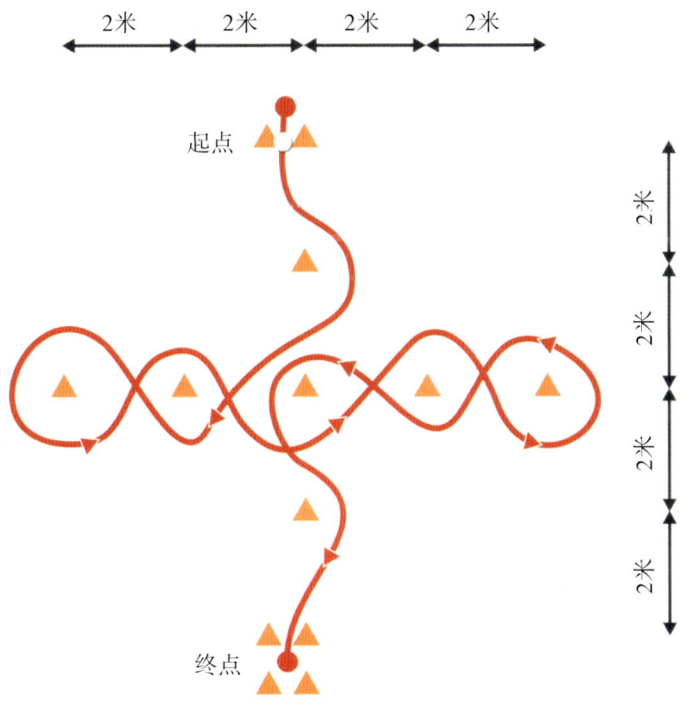

图9-2

短距离运球测试路径示意。

热身

参见反复性冲刺测试热身活动。正式测试前,球员应采用低速和中速各进行一次熟悉测试尝试。

测试结果解释

优秀男子球员测试用时约为11秒。表9-4为根据顶级球员表现对比后而显示的短距离运球测试结果。

表9-4 男子(A)和女子(B)球员在短距离运球测试中的成绩等级

A-男子

短距离运球测试

时间(秒)	等级评估
<10.0	优秀
10.0~11.0	非常好
11.0~12.0	好
12.0~13.0	中等水平
13.0~14.0	低水平
>14.0	低下水平

B-女子

短距离运球测试

时间(秒)	等级评估
<11.0	优秀
11.0~12.0	非常好
12.0~13.0	好
13.0~14.0	中等水平
14.0~15.0	低水平
>15.0	低下水平

总结

成功的足球运动员非常灵巧。球员的灵敏素质可以通过有球的短距离运球测试和无球的箭头灵敏性测试进行评估。这些测试对于评估处于成长中的青少年球员非常有用。

10. 爆发力与力量测试

足球比赛中含有大量的如冲刺跑、起跳、射门、抢断、加速、减速、变向及掷球等爆发性动作，需要高速率的力量输出，而爆发力等于力量×速度。表10-1对其中有些动作进行了量化。激烈的比赛中，爆发力的产生取决于动作的协调性和肌肉力量。评价球员爆发力的一个简单方法就是弹跳测试。该测试除了测定球员的跳跃能力外，还可以对其爆发力进行测试。图10-1显示了比赛中需要高功率输出和最为重要的肌肉。它们的能力可以在弹跳测试中进行测试。

足球运动员需要锻炼的重要肌群

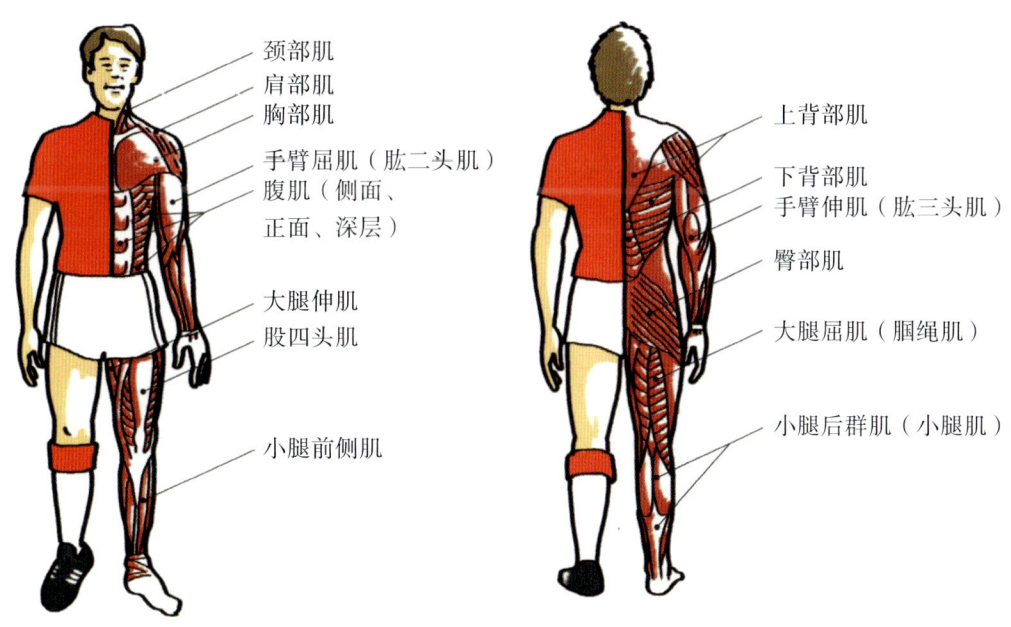

图10-1

比赛中高爆发力输出的肌群。这些肌肉的爆发力在一定程度上可以通过弹跳测试进行评估。

表10-1　优秀球队的球员比赛中最大加速度、变向、抢断、跳跃、冲刺次数

冲刺	12～35
跳跃	9～22
抢断	13～18
变向	51～82
最大加速	35～72

比赛中优秀球员平均跳跃9～22次（参见表10-1）。对于一些球员来说，如守门员、中后卫和前锋球员，弹跳能力可以左右比赛的结果。这些球员在弹跳测试中的表现尤为重要。弹跳测试时，可以结合或不结合摆臂动作进行，以得到不同的效果。例如，两名守门员进行下蹲跳测试时，他们固定手臂跳跃的高度分别为43厘米和45厘米，摆臂跳跃的高度为55厘米和49厘米。因此，两名守门员的测试结果显示，一名守门员摆臂跳跃的高度明显更好，另一名守门员跳跃的高度则稍稍高出固定手臂时跳跃的高度，说明这名守门员在手臂与腿协同进行运动中存在问题。

在某些比赛场景中球员需要重复进行爆发性收缩运动，因此，我们需要对球员的重复跳跃能力进行测试。下文中，我们描述了下蹲跳及连续跳测试，并提供了顶级球员的测试结果。

下蹲跳测试

球员的爆发力可以采用下蹲跳测试进行评估。该测试的方法简便快捷。

目的： 评估球员的爆发力。

器材： 电子跳跃垫和笔。

说明： 电子跳跃垫应放置在坚固的地面上。

球员从直立姿态屈膝，屈膝角度由自己掌握，双手固定在腰部进行下蹲，

然后跳起至尽可能高的位置（参见照片）。记录腾空时间，计算跳跃高度。测试同样可以在手臂自由运动的情况下进行。每名球员进行3次下蹲跳，间隔30秒，确保完全恢复并将最高一次跳跃高度作为最终测试结果。测试者口令为"3、2、1，跳"。

球员进行下蹲跳测试。

跳跃测试热身活动

跳跃测试前,球员必须进行热身,因为跳跃的高度取决于肌肉的温度。以下运动可以作为跳跃测试的热身准备活动。

- 4分钟包括针对腿部专项练习的简单跑动,例如,跳跃、侧向慢跑、倒退跑等。
- 2分钟的拉伸,小腿,后群、前群;大腿内收肌和臀部肌肉。
- 3分钟的跑动,改变跑动的强度及适当的变向。此外,做5次中等强度的跳跃。
- 2分钟的拉伸。
- 3次高强度的跑(15米),间隔20秒的慢跑。1分钟的拉伸后,2~3次最大强度的跳跃,间隔20秒恢复时间。

测试结果解释

不同球员的下蹲跳测试成绩有很大区别。优秀男球员固定手臂跳跃测试成绩为36~56厘米,平均值为44厘米左右,女球员的测试值为30~45厘米,平均值为36厘米(表10-2)。表10-3为男子和女子顶级球员的下蹲跳测试成绩等级。

表10-2 优秀男子和女子球员手臂摆动与手臂固定下蹲跳测试的分值范围与平均分值

下蹲跳测试	手臂固定(厘米)	手臂自由(厘米)
男子	44(36~56)	57(49~66)
女子	36(30~45)	42(35~51)

10. 爆发力与力量测试

表10-3 手臂固定下蹲跳测试中男子（A）和女子（B）球员的成绩等级

A–男子

下蹲跳测试–手臂固定

高度（厘米）	等级评估
>55	优秀
50～55	非常好
45～50	好
40～45	中等水平
35～40	低水平
<35	低下水平

B–女子

下蹲跳测试–手臂固定

高度（厘米）	等级评估
>45	优秀
40～45	非常好
35～40	好
30～35	中等水平
25～30	低水平
<25	低下水平

守门员跳起时通常会受到干扰。

专项位置

研究显示，下蹲跳测试成绩与专项位置相关，守门员、中后卫和前锋球员测试成绩较高（图10-2）。所有男子守门员、中后卫和前锋球员的弹跳高度均超过40厘米（手臂固定），而前卫球员的测试值范围较大（36～54厘米）。女子组中守门员和前锋球员弹跳高度（35厘米）比中后卫、边后卫和前卫球员高。这些发现显示，弹跳表现对于守门员、后卫和前锋球员是非常重要的，对于前卫球员来说，成绩则取决于战术角色及球员本身的特点。

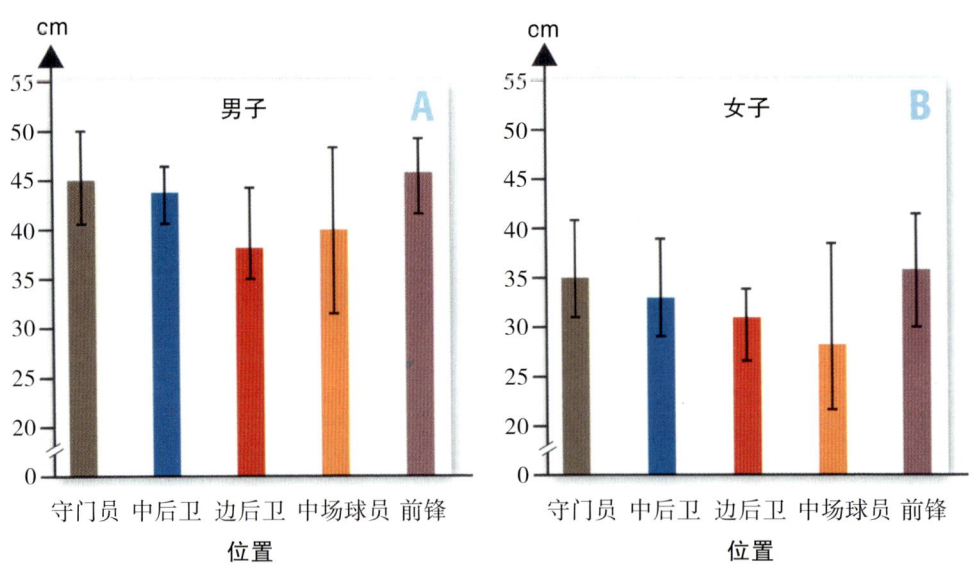

图10-2

男子（A）和女子（B）优秀球员下蹲跳测试成绩与专项位置的关系。纵线显示了每个位置上的球员不同测试值。值得注意的是，中场球员弹跳测试成绩的变化高于其他位置的球员。

青少年球员

爆发力与年龄高度相关，直到18岁，肌肉的体积和力量的输出能力逐渐增长，青春期后男孩有明显的提升（图10-3）。力量的输出、力量及弹跳表现上会与年龄有关，男孩比女孩有更为明显的变化。例如，处于中等竞赛水平的青少年球员在进行下蹲跳测试时，12岁的男孩和女孩间差异很小，在14岁和17岁年龄段时男孩的测试成绩更好（表10-4）。

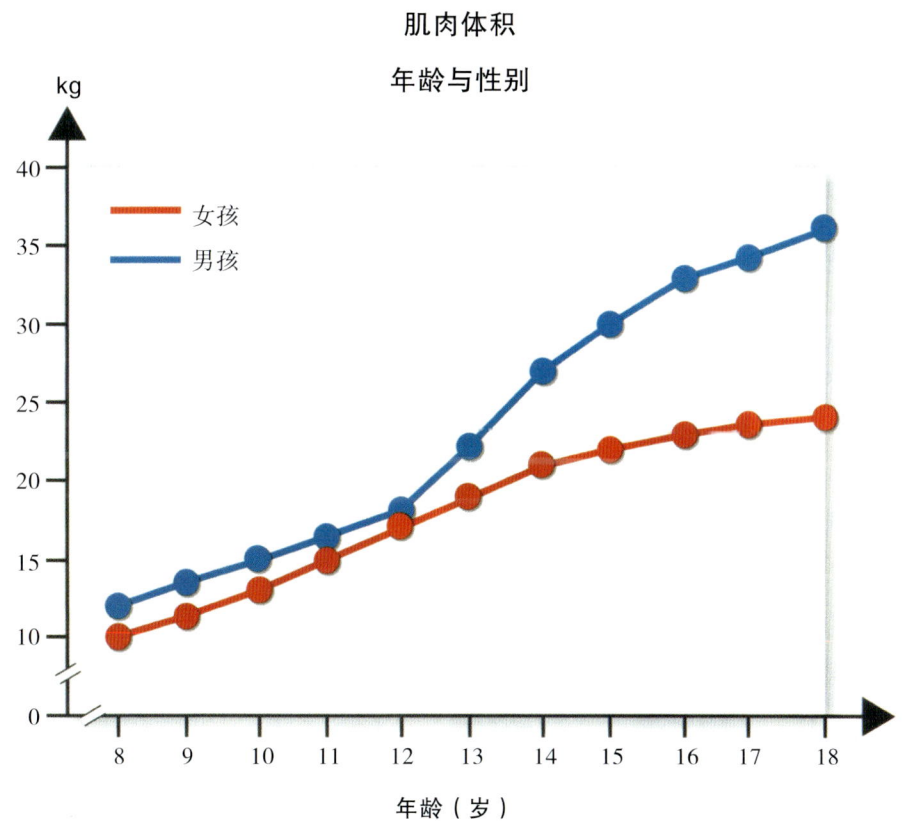

图10-3

男孩（蓝线）和女孩（红线）随年龄的增长肌肉体积的发展。值得注意的是，男孩在青春期中肌肉体积明显增加。

表10-4　3个年龄段的男孩和女孩固定手臂下蹲跳测试成绩（12岁、14岁和17岁）

下蹲跳测试		
年龄（岁）	男孩（厘米）	女孩（厘米）
12	26（20~35）	24（17~30）
14	33（24~39）	29（21~33）
17	37（29~45）	33（25~41）

赛季变化

法罗群岛球队在赛季中对优秀男子球员进行了下蹲跳测试，而在这些球队相对较长的准备期中我们安排了一定时间的力量训练。准备期初期球员弹跳测试的平均成绩为38厘米，在赛季的初始阶段增加到了43厘米，个别球员的提高幅度超过了9厘米。整个赛季弹跳能力保持平稳。如球员在赛季中受伤后，下蹲跳能力评估可以作为康复程序中的一部分，图10-4中显示了一名球员腘绳肌受伤6周后的康复进展。

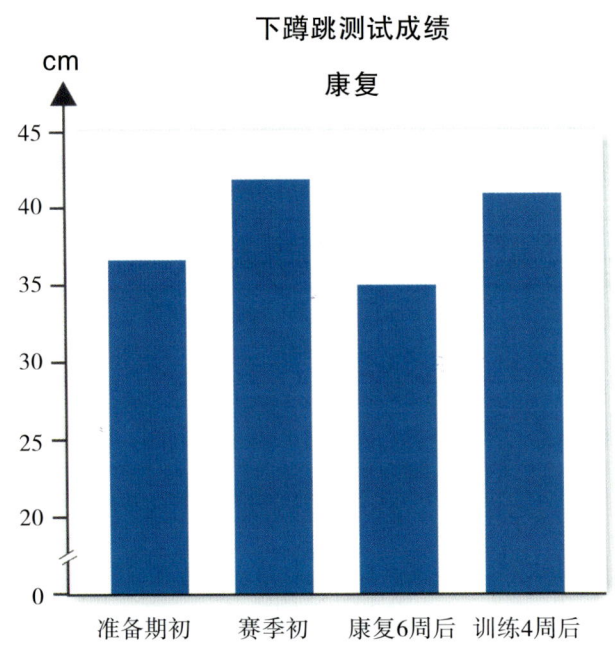

图10-4

球员腘绳肌损伤后，在其康复期前和康复过程中的下蹲跳测试成绩。

重复跳跃能力

有时候球员需要在一次强度运动后，马上进行高爆发性动作。因此，有必要对球员进行重复跳跃能力的评估。测试显示单次跳跃的峰值高度不会受到比赛的影响，然而重复跳跃的表现却明显下降。此外，球员在单次下蹲跳测试中的最高分值并不意味着在重复跳跃测试中拥有同样最佳表现。下面介绍的5连跳测试，可以为比赛中多次进行爆发性运动的能力提供信息。

5连跳测试

目的：评估球员重复进行最大力量的能力。
器材：电子弹跳垫和笔。
说明：在5连跳测试中，程序与单次下蹲跳测试相同，测试重复5次，间隔5秒。测试者倒计时口令"3、2、1，跳"，球员跳跃落地后休息5秒。重要的是指导球员在短暂的恢复时间里集中精神并做好再次起跳的准备。跳跃的平均高度作为测试结果。

热身

热身活动参见下蹲跳测试。

测试结果解释

表10-5呈现了优秀男子和女子足球运动员5连跳测试的结果。此外，表10-6呈现了依据顶级球员测试结果制定的成绩分级。

表10-5 优秀男子和女子球员手臂固定及自由5连跳测试平均值和成绩范围

5连跳测试	手臂固定（厘米）	手臂自由（厘米）
男子	41（32~51）	54（45~61）
女子	34（29~40）	38（31~47）

表10-6 男子（A）和女子（B）球员5连跳测试成绩等级

A-男子

5连跳测试

高度（厘米）	等级评估
>50	优秀
45~50	非常好
40~45	好
35~40	中等水平
30~25	低水平
<30	低下水平

B-女子

5连跳测试

高度（厘米）	等级评估
>45	优秀
40~45	非常好
35~40	好
30~35	中等水平
25~30	低水平
<25	低下水平

10. 爆发力与力量测试

良好的跳跃能力对守门员是非常重要的。

腿部力量测试

球员的跳跃、起动和冲刺,这类爆发性运动取决其肌肉力量及协调完成动作的能力。我们可以采用负重深蹲的方式对球员的下肢肌肉力量进行测试。由于有多关节和肌群参与,因此负重深蹲是评价力量的有效方法。研究表明,深蹲测试成绩与优秀球员10米和30米冲刺跑,以及10米折返冲刺跑的成绩相关(图10-5)。下面介绍深蹲测试。

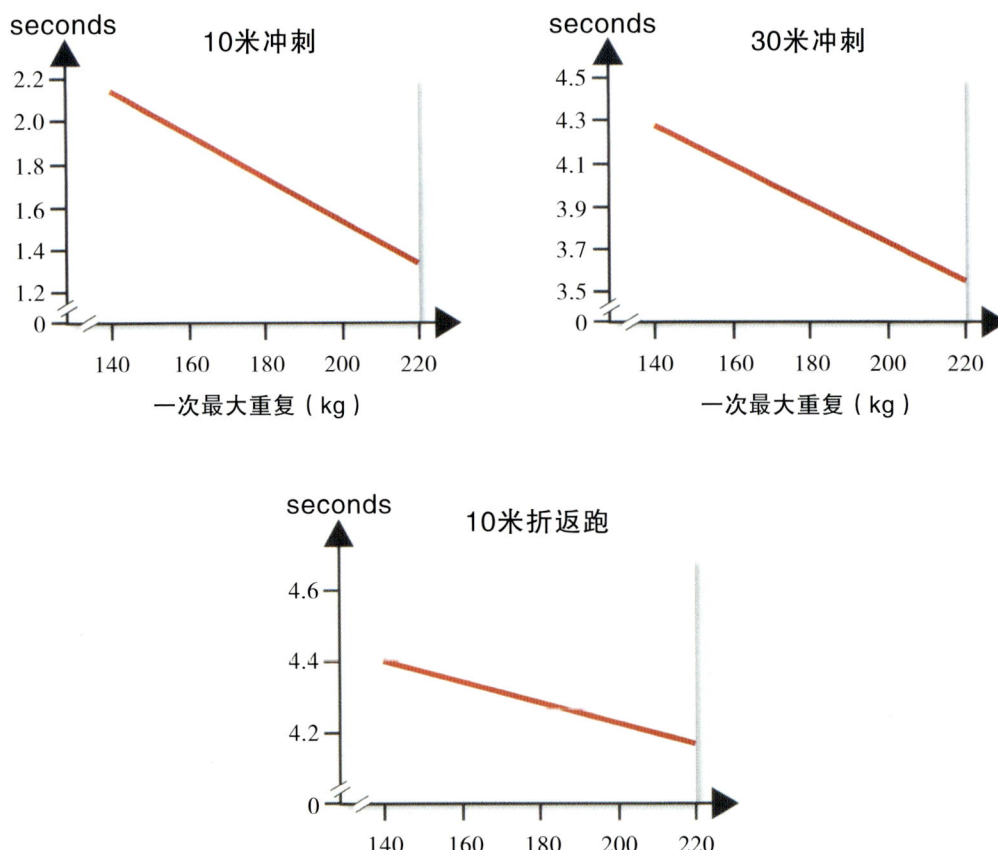

图10-5

深蹲测试成绩（一次最大重复）与10米、30米和10米折返冲刺成绩间的关系。

深蹲测试

目的：测试腿部肌肉力量。

器材：深蹲架（参见照片）和笔。

说明：将深蹲架调到低于肩部几英寸的位置。杠铃杆横放于球员肩背的后面，横放在球员肩胛骨的突起处，利用肩背部力量对其进行支撑。队员应双手抓紧杠铃杆。双脚与肩同宽站立。确保杠铃杆在肩部/背部处于舒适的位置，

10. 爆发力与力量测试

从深蹲架上将其举起（参见图片）。然后屈膝，缓慢地下蹲，膝关节呈90°，腰部略微拱起。球员应目视前方或稍向上看，以保持上体竖直。球员从足跟处开始回推重量直至他/她再次回到起始直立位置。深蹲架两侧应各有一人，当球员不能将杠铃举回原处时，其负责帮助举起负重。深蹲测试技术复杂，球员需要谨慎地完成该动作的准备。最大重量情况下，球员举5次，称之为5次最大重复（5RM）。每次增加负荷，球员可以完成6次重复。球员在每次练习间得到恢复（时间大于1分钟）。测试结果为工作负荷相当于一次最大重复值（1RM），以此来计算出5RM负荷约为1RM的85%。例如，150公斤的5RM深蹲测试成绩，相当于174公斤的1RM深蹲测试成绩（=150公斤/0.85）。

球员进行下蹲测试。

热身

深蹲测试前球员必须进行适当的热身活动,建议采用与下蹲跳测试介绍中相同的热身活动。此外,球员应对背部进行约3分钟的热身练习,并在无负重的情况下进行约2分钟的下蹲练习。

测试结果解释

深蹲测试是足球运动中用来评价肌肉力量的常用手段。由于多关节及包括腿部较大肌群参与做功的特点,深蹲测试非常适合用来对足球球员的腿部力量进行测定。优秀男子和女子球员的1RM平均成绩值大约在175公斤和120公斤,球员之间存在较大差异(表10-7)。表10-8为根据球员深蹲测试成绩而制定的男子和女子球员成绩等级。

表10-7 优秀男子和女子球员深蹲测试(1RM)测试值范围及平均值

深蹲测试-1RM(公斤)	
男子	175(150~210)
女子	120(90~150)

1RM:一次最大重复。

表10-8 深蹲测试(1RM)男子(A)和女子(B)球员的测试成绩等级

A-男子
深蹲测试

一次最大重复值(公斤)	等级评估
>225	优秀
210~225	非常好
195~209	好
180~194	中等水平
165~179	低水平
<165	低下水平

B-女子
深蹲测试

一次最大重复值(公斤)	等级评估
>175	优秀
150~175	非常好
135~149	好
110~134	中等水平
90~109	低水平
<90	低下水平

10. 爆发力与力量测试

力量与协调能力缺失评估

对优秀球员的研究显示，下蹲跳测试的高度与深蹲测试中1RM值间有密切联系（图10-6）。然而，有一些球员则不然，如图10-6所示。两名球员的弹跳能力相同，但在深蹲测试中表现却不同，另外两名球员的深蹲测试成绩相同，但弹跳能力却截然不同。例如，这些球员中有的球员深蹲测试的值很高，但弹跳高度相对较低。因此，需要提高协调运动的能力。相反，有的球员深蹲值较低，但弹跳能力相对较高。因此，对于这名球员来说，为了改善其弹跳能力需要提高他的力量素质。

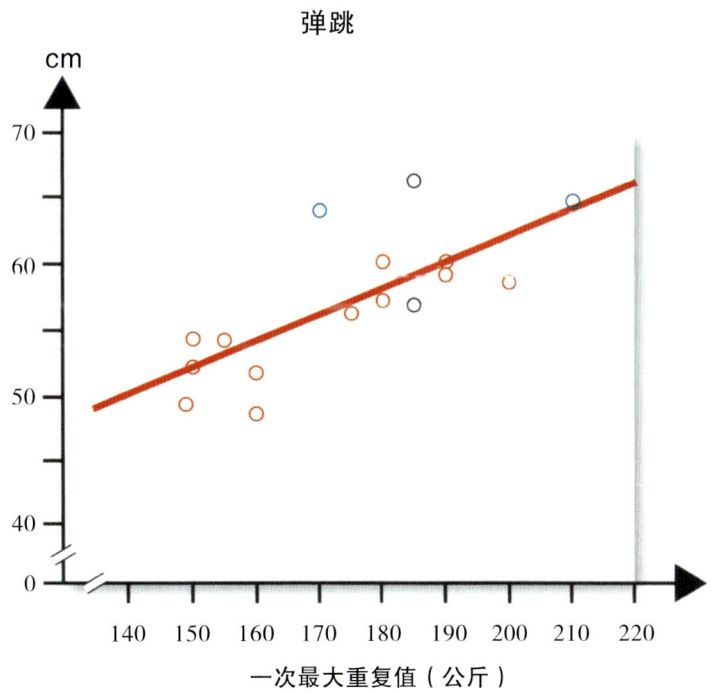

图10-6
优秀球员下蹲跳测试和深蹲测试成绩（1RM）间的关系。两名球员的深蹲测试值相同，但是在弹跳成绩上不同（黑圈），两名球员弹跳测试的成绩相同，但深蹲测试成绩明显不同（蓝圈）。

专项位置

对优秀男子球员的研究发现，守门员和中后卫球员比边后卫和前锋球员拥有更好的深蹲测试成绩（图10-7）。然而，守门员和中后卫球员身高更高、体重更大，当我们把1RM的负荷与体重结合起来进行分析时，不同比赛位置上的球员间则没有差异。

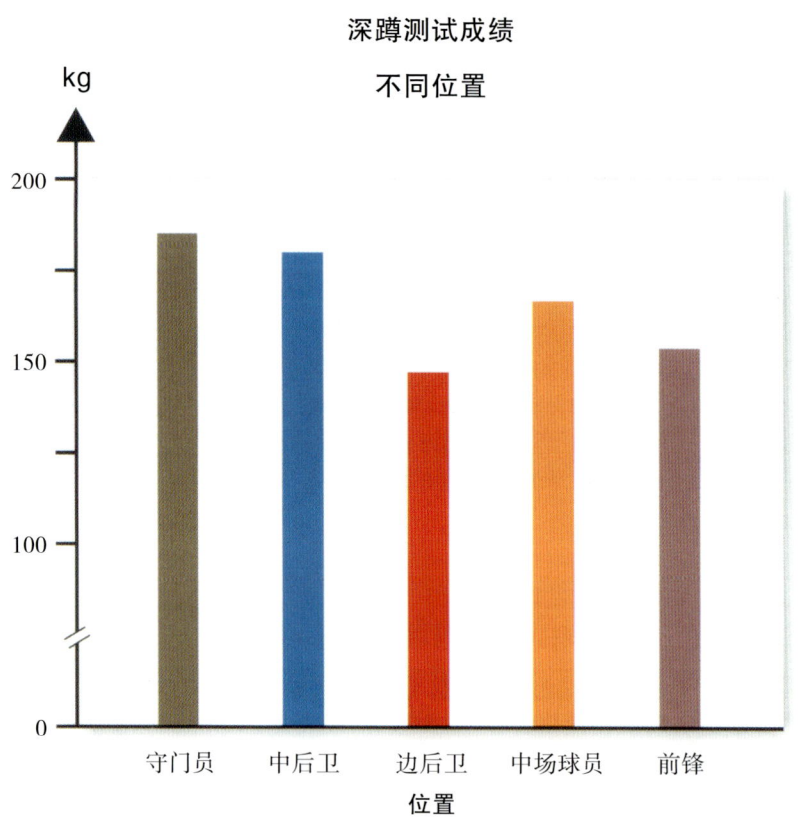

图10-7

不同位置上的球员深蹲测试成绩（1RM）。

赛季变化

一组男子球员在两个竞赛期中进行了深蹲测试。第一次测试前，球员并没有进行系统的力量及爆发力训练，因此在第一个准备期的开始阶段，球员的深蹲测试成绩较差，但在为期4个月的准备期后，成绩提高到了中等水平。这种力量水平在赛季中得到保持并延续至间歇期。在下一个准备期中球员的深蹲测试成绩进一步得到提高（图10-8）。

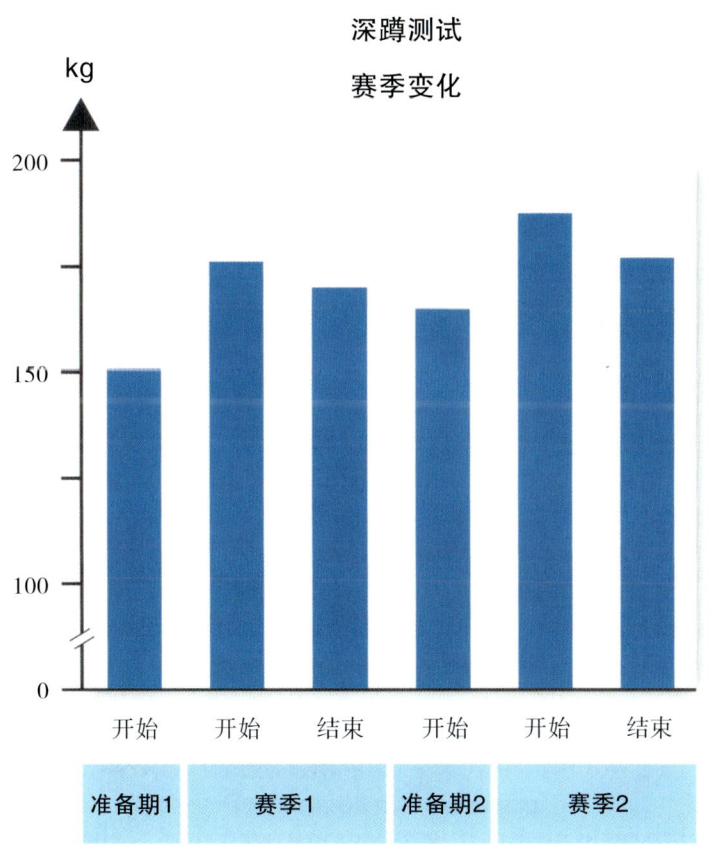

图10-8

一支优秀足球队在两个竞赛期中的深蹲测试成绩。

上肢力量测试

上肢肌肉对足球运动员来说同样重要，上肢力量在特定比赛运动中对竞技能力起到辅助作用。例如，图10-9中显示了卧推测试成绩对于胸大肌力量的评估关系到掷界外球的远近。1RM卧推测试可以了解手臂伸肌与胸大肌的力量，教练员通过上述信息与掷界外球的表现进行对比后可以安排专项的训练计划。

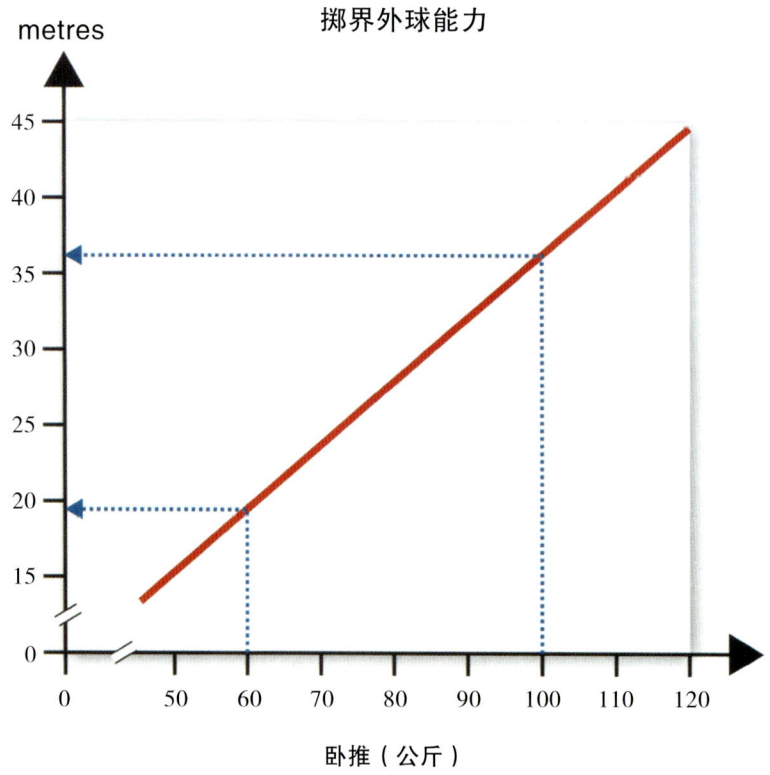

图10-9

卧推测试成绩（1RM）与掷界外球距离间的关系。值得注意的是，良好的卧推成绩关系到掷长距离界外球的能力。卧推测试成绩可以用来评估最大掷球距离。例如，60公斤的卧推力量相当于不短于19米的掷球距离，100公斤的卧推力量相当于大约36米的距离。

例如，球员的卧推测试成绩较低，那么掷长距离界外球的能力可以通过高负荷的抗阻训练后得到提高。相反球员在卧推测试中成绩较好，但是掷球能力较差，则应首先改善其掷球的技术或身体的协调能力。表10-9显示了U19年龄段球员和成年组球员的1RM卧推测试成绩，成年组球员成绩明显更佳。

表10-9 U19球员和成年男子球员卧推（1RM）测试值范围与平均值。优秀成年球员的卧推成绩比U19球员高出15%~20%

卧推–一次最大重复值（公斤）	
优秀成年球员	88（73~110）
优秀U19球员	72（63~90）

卧推测试

目的：测评手臂伸肌和胸大肌的力量。
器材：卧推器材和笔。
说明：球员平躺在凳子上，将杠铃推出托架并以中等速度放下杠铃至胸部，然后迅速推举手臂充分伸直。当进行卧推测试时，握杠宽度应始终一致（依据手臂的长度，约为65~80厘米）。

热身

球员进行卧推测试前必须对上体进行5~7分钟的低强度和中等强度的热身练习。然后做2×10次的俯卧撑及3次中等重量的举重，约为一次最大重复值（1RM）的70%，间隔30秒。

足球体能测试

卧推测试准备。

测试结果解释

表10-10基于优秀球员的测试结果制定的男子和女子球员卧推测试成绩等级。

表10-10 男子（A）和女子（B）球员卧推测试成绩等级

A-男子

卧推测试

一次最大重复值（公斤）	等级评估
>95	优秀
90~95	非常好
85~89	好
80~84	中等水平
75~79	低水平
<75	低下水平

B-女子

卧推测试

一次最大重复值（公斤）	等级评估
>80	优秀
75~80	非常好
70~74	好
65~69	中等水平
60~64	低水平
<60	低下水平

10. 爆发力与力量测试

总结

足球比赛中，球员的爆发力是对比赛结果产生影响的关键因素之一。本章提供了一系列的方法对这些能力进行评估。下蹲跳测试可提供球员爆发力方面的信息，深蹲测试为球员腿部力量提供了整体的评估参考。进行整体测试评估可发现球员的任何弱点。卧推测试可以用来测定球员的上肢力量。

良好的平衡对球员来说是很重要的。

11. 平衡测试

良好的平衡能力对于足球球员来说是基础素质，对于青少年球员进行训练或康复阶段时，以及出于预防损伤的成年球员来说，平衡能力测试是非常重要的。较差的平衡能力一般会增加韧带损伤的风险，对于身体平衡能力中可能存在不对称进行测试是重要的，因为身体两侧的不对称是导致损伤的诱因。最近一项研究表明，许多球员在优势腿和非优势腿的平衡能力上有明显差异。此外，平衡能力还显现出在爆发力水平中所扮演的角色，因此这可能会影响到完成爆发性练习的能力。再有，平衡能力与竞技水平有关，技术能力较高的球员具有极佳的平衡能力。因此，平衡能力的评估对于球员来说具有重要意义。利用平衡板测试评估平衡能力是一个简单的方法。

平衡板测试

球员进行平衡板测试时，一脚踏于平衡板上维持1分钟。然后记录落地次数并评估测试结果。

目的：评估球员的平衡能力。

器材：平衡板（50米长×2.5米宽）、秒表和笔。

说明：球员一只脚踩在平衡板的中间，保持身体平衡。球员在没有辅助的情况下开始站立，测试者计时开始，当球员失去平衡从平衡板上落下时则计时停止。球员再次站到平衡板上直至他/她完成一分钟的测试。测试结果为球员落地的次数。双腿均应进行测试。

11. 平衡测试

热身

5分钟的慢跑、跳跃、折返跑、侧向跑和倒退跑，结合2分钟的拉伸。正式测试开始前，允许球员进行2次5秒钟平衡板站立体验尝试（图11-1）。

图11-1

球员进行平衡板测试体验。

测试结果解释

平衡板测试是一种对身体姿态控制更为精细的测试方法。因此，测试可以对球员的平衡能力进行有效的测评。表11-1显示基于优秀球员在平衡板测试中的成绩所制定的成绩等级。

113

表11-1　成年球员（A）和青少年球员（B）平衡板测试成绩等级

A-成年球员（双腿）

平衡板测试

落下	等级评估
0	优秀
1~3	非常好
4~5	好
6~7	中等水平
8~10	低水平
>10	低下水平

B-青少年球员（双腿）

平衡板测试

落下	等级评估
0~2	优秀
3~5	非常好
6~7	好
8~10	中等水平
11~15	低水平
>15	低下水平

总结

平衡板测试为基础的平衡能力测评且简便易行。该测试特别是对于青少年球员，以及处于损伤后康复阶段的球员来说更为适合。平衡板测试同样可以用来测评两腿间平衡能力上的差异。

12. 室内五人制足球

室内五人制足球是足球运动中的一种,由2支人数各5位的球队,大多在38~42米×18~25米的室内场地上进行的比赛。室内五人制比赛用球比正规足球小且弹力低。小场地比赛,球员相对较多的情况下即兴发挥,在缩小的空间中完成球的控制与传递,创造力和技术的运用上带来了更多的挑战。爱尔兰足协调研显示,与在相同尺寸比赛场地上进行普通的小场地比赛(5V5)比较,室内五人制足球具有更多的触球、传球、运球、射门、得分及重获球权的机会。

室内五人制足球是一项间歇运动,比赛中每3~4秒就会变换一次活动方式。室内五人制球员的冲刺跑距离大约为比赛总距离的5%,多于11对11的比赛(图12-1)。球员每80秒进行一次冲刺,约有60%的冲刺间歇时间短于40

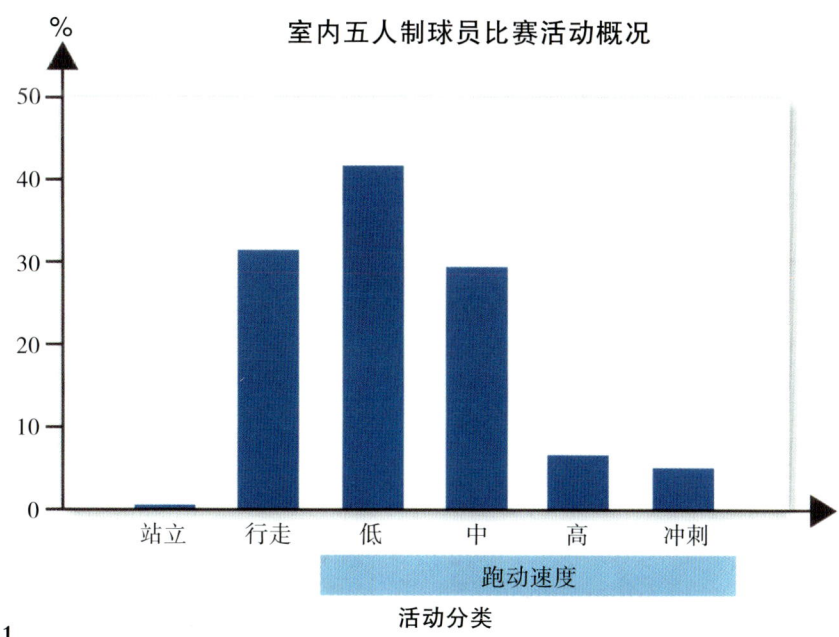

图12-1

室内五人制足球比赛中球员的活动概况。图中显示了不同活动情况下总比赛时间的百分比。

秒。此外，室内五人制足球的运动分析显示，在比赛的关键阶段可能出现3~4次简短间歇（小于25秒）的冲刺跑动。因此，室内五人制足球比赛球员需要拥有从高强度活动中快速恢复的能力。室内五人制足球中冲刺距离为5~20米，平均冲刺距离为10米。顶级室内五人制足球运动员生理数据如下：平均心率可以达到最大心率的90%，血乳酸的浓度（平均6毫摩尔/升；范围在2~12毫摩尔/升）达到了与足球比赛中的相似水平。因此，室内五人制足球是高强度有氧和无氧系统混合供能的反复冲刺运动，在对室内五人制足球球员进行测试时必须充分考虑这一特征。

大多数对于顶级室内五人制球员所进行的测试为最大摄氧量的测试。测试表明，顶级男子室内五人制球员的平均最大摄氧量值为65（范围：54~76）毫升/（公斤·分），这与优秀足球运动员处于相同水平。近年来南美优秀室内五人制球员进行了Yo-Yo IR2测试平均值为1300米，堪比受过良好训练的顶级球员。

南美许多球员通过室内五人制足球比赛发展其足球技能。

室内五人制足球测试

室内五人制足球比赛对球员的要求与正式足球比赛一样,取决于球员各方面的身体素质。因此,对室内五人制球员的体能测试显得尤为重要。表12-1为针对室内五人制球员进行的体能测试,同时也给出了依据年龄和性别的不同,且与球员测试标准相同的指导。

表12-1 室内五人制球员相关体能测试方法

室内五人制球员体能测试综述	
耐力素质	Yo-Yo间歇性耐力测试
高强度间歇运动能力	Yo-Yo间歇性恢复测试
冲刺能力	直线冲刺测试单程10米冲刺
创造性速度	创造性速度测试
灵敏	箭头灵敏性测试及短距离运球测试
爆发力	下蹲跳测试
力量	深蹲测试
平衡	平衡板测试

总结

室内五人制足球是一项高强度的间歇运动,其比赛中的球员体能需求与足球比赛其他项目球员相同,也就是说,一般球员中所进行的体能测试同样适用于室内五人制球员。

丹麦国家队球员进行非力竭性Yo-Yo IE2测试。

13. 体能测试计划

实施测试计划时应该认真考虑测试的目的。通常情况下，教练员会在体能训练发生明显变化后的时期进行测试，以及在赛季中去评估球员是否保持了其竞技水平。下面介绍在赛季中、赛季和准备期进行体能测试的常规方法（参见图13-1）。其他时间同样需要对个别球员进行测试，例如处于康复期的球员。

准备期

间歇性耐力测试（Yo-Yo IE测试）可以在准备期的早期进行，从而获取球员所处体能状态的信息。测试一般不应安排在训练的首日进行，通常球员需要在测试前进行几次训练课，从而为测试做好准备。赛季开始前2周可以重复进行测试，以评估在准备期首阶段训练后球员的提高情况。测试日期建议安排在有足够时间对训练进行调整的阶段，以备个别球员未能达到所需求水平（图13-1）。

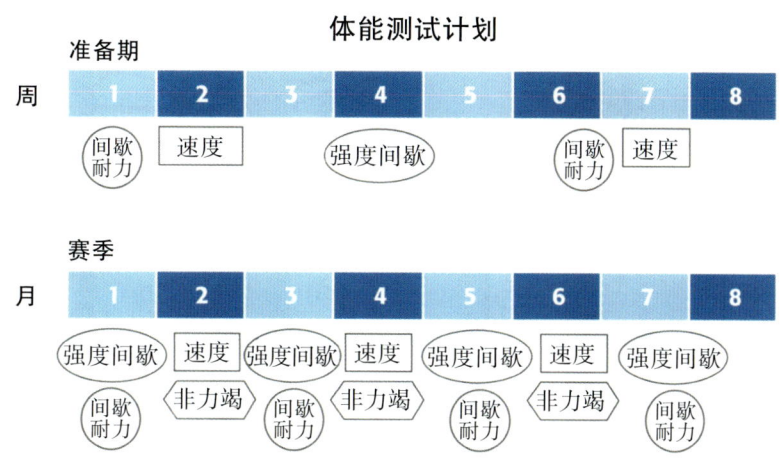

图13-1

在赛季中和准备期不同阶段安排的体能测试，其他测试也可同样进行。

对于顶级球队在准备期也要进行高强度间歇能力的评估。Yo-Yo IR测试可以在准备期训练4周后进行，然后在进入准备期1周再次安排测试。这样可以在准备期训练的最后阶段对训练效果进行评价，并可以了解赛季开始阶段球员的体能，并与赛季中所获得的测试值进行对比。

冲刺能力的测试同样可以在准备期训练7～10天后进行，当球员适应训练后，可以在赛季开始前1～2周再次进行测试。其他体能素质测试，如灵敏、爆发力和平衡能力同样可以在此时间段进行。

赛季中

在赛季中进行测试很有必要，许多球员测试结果显示会有明显的下降（图13-2）。然而，很少有球队在赛季之中对其球员进行常规的测试，因此丢掉了

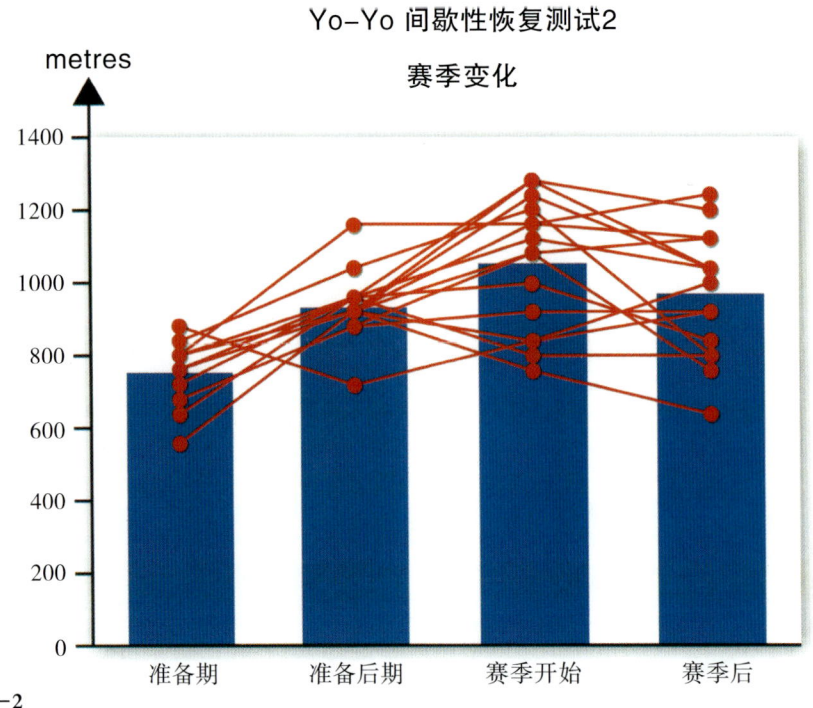

图13-2

准备期开始前及结束后和赛季中不同阶段，球员进行Yo-Yo间歇性恢复测试2的表现。值得注意的是，大多数球员在赛季中的表现呈下降趋势。

很多重要的信息。一般来说，赛季中很难找到适宜的时间来进行测试，但实际操作时其实并不是问题，这同样需要计划。对于大多数球队而言，隔月进行一次力竭性测试是有必要的。对于顶级球队来讲，可以采用Yo-Yo IR2测试，而非顶级球队则进行Yo-Yo IE2或Yo-Yo IR1测试，青少年球队则进行Yo-Yo IE1测试。顶级球队在进行力竭性测试时可以将非力竭性测试作为热身活动的一部分，每4周进行一次测试。同样冲刺和灵敏性测试可以在赛季中有规律地隔月进行测试。爆发力及平衡能力的测试，依据参加训练的重点球员水平的发展来进行。

赛季期间同样可以利用测试来研究训练发生变化的效果。研究显示，进行更多的高强度训练对足球运动会产生积极的影响。研究发现，一支优秀球队通过8周，每周增加30分钟的有氧高强度训练课后，在Yo-Yo IR2测试中成绩提高了15%（图13-3）。

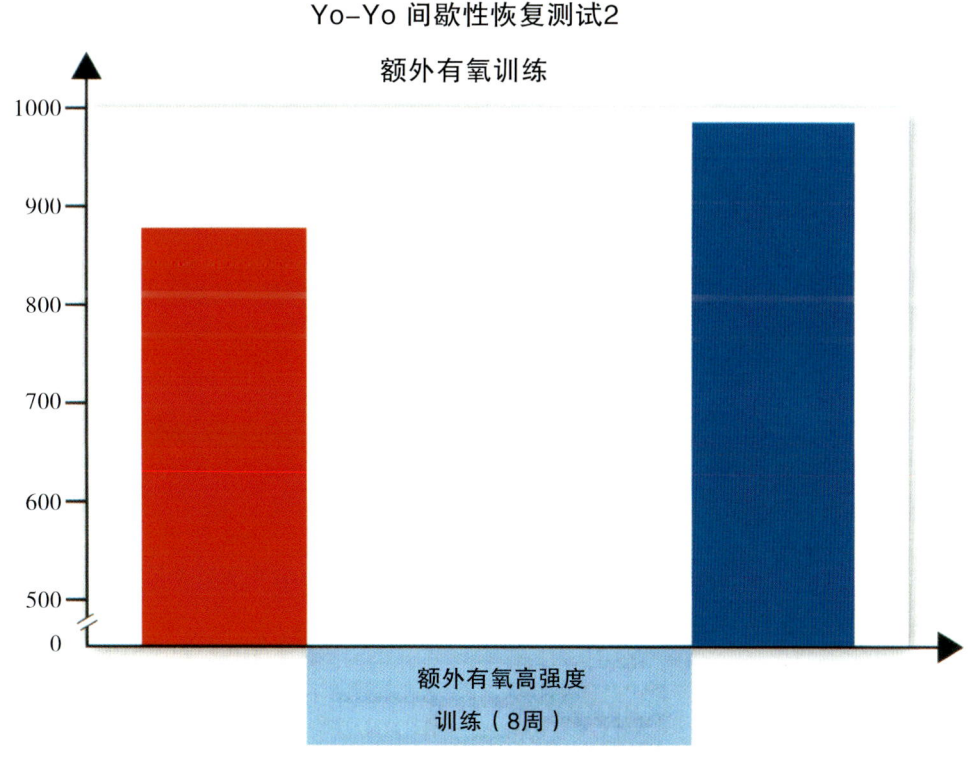

图13-3

一支优秀球队在为期8周，每周额外30分钟高强度有氧训练课，球员进行Yo-Yo间歇性恢复测试2中的前后表现。

同样高水平球队中的球员训练量在减少，但2周训练中增加有氧高强度和速度耐力训练后，提高了Yo-Yo IR2测试和反复冲刺测试的成绩（图13-4）。

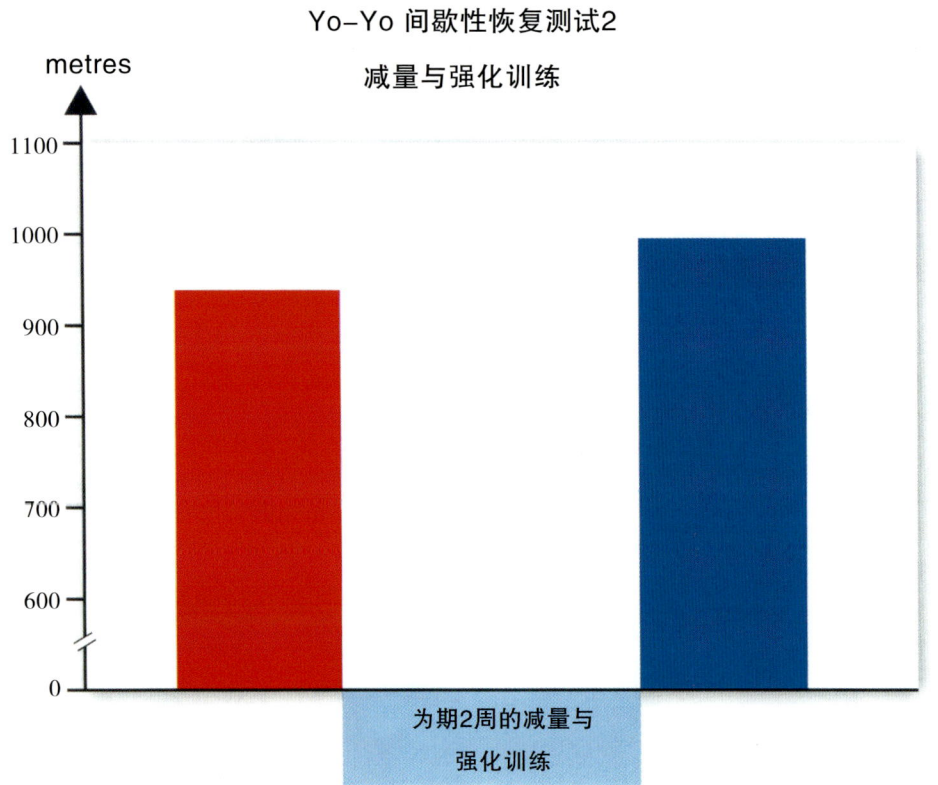

图13-4

为期2周的高强度减量训练，球员进行Yo-Yo间歇性恢复测试2和重复冲刺跑训练（10次20米跑，20秒间歇）的前后情况。值得注意的是，尽管减少了训练量，但球员的能力还是得到了提高。

赛季间歇期

赛季中的间歇期可能对球员的竞技状态产生明显影响。一项针对顶级球员的研究表明，在停止运动72小时候后Yo-Yo IR2测试成绩下降了5%，而停止训练2周后，成绩则下降23%（图13-5）。因此，球员在赛季间歇期的第一个阶段同样需要进行训练。当球员重新回到俱乐部的训练中，为了对他们的体能进行评估，非顶级球队可以通过间歇性耐力测试（Yo-Yo IE），顶级球队通过强度间歇性测试（Yo-Yo IR2）在下半赛季开始前的准备期初始阶段进行测试。测试的结果可与赛季中测试值进行比较，以便了解球员所需的体能训练。然后测试可以在赛季开始的10天前再次进行，以利于指导准备期最后阶段的训练。Yo-Yo测试进行的同时，同样可以进行冲刺能力的测试。

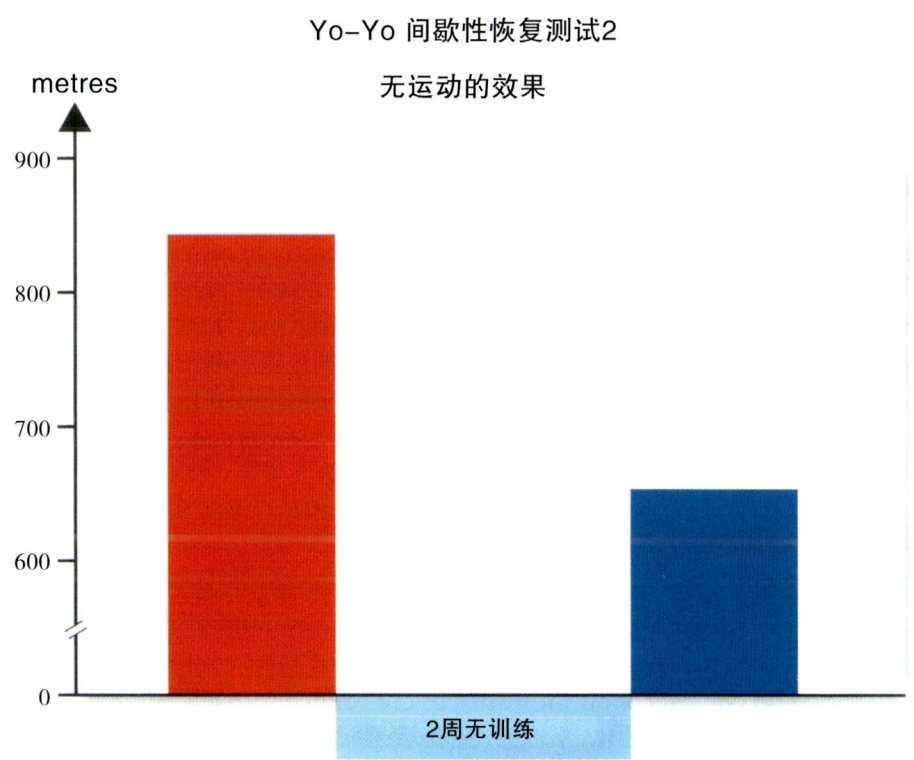

图13-5

为期2周无训练状态，优秀球员在进行Yo-Yo间歇性恢复测试2中的表现。值得注意的是，无训练2周后能力明显下降。

个体测试

除了对球队进行定期的测试外，也可以对个别球员进行测试。例如，在康复期对球员进行测试可以指导球员的训练，并确定何时可以参加全队的训练和比赛。测试的结果可以与球员受伤前正常参加比赛时的测试成绩进行比较。书中介绍的场地测试与比赛中所出现的运动形式相似。如果球员没有完全恢复或在测试过程中感觉疼痛，均会在测试中显现出来。个体测试同样还可对不经常参加比赛的球员进行测试，以了解他们是否具有足够的体能。同样，球员参加了多场比赛，训练次数减少，测试结果也会有所下降，这些都会在测试中显露出来。个体测试也可以侧重于某一方面的足球专项能力，如速度与力量在训练期前后进行。

青少年球员的发展

对青少年球员进行定期测试，便于对青少年球员的发展进行跟踪。因此，建议所有的青少年球员每年都应进行一系列的测试。测试的科目可以由间歇性耐力测试，如Yo-Yo IE1测试、平衡测试（如平衡板测试）、灵敏测试（如短距离运球测试）和冲刺测试（如曲线冲刺测试）构成。

总结

定期进行体能测试的理由有很多，如球队是否向着既定的方向发展，以及分析某些个体球员是否在竞技能力上出现下滑。为了实现测试目的，测试项目需要与足球本身相关。本书中呈现的测试均为足球专项测试，同时具有可行性强的特点。个体测试同样可以为球员某一特殊方面的发展提供信息。

参考文献与推荐阅读

Andersson, H, Randers, MB, Heiner-Moller, Krustrup, P, Mohr, M (2010). Elite female soccer players perform more high-intensity running when playing in international games compared with domestic games. Journal of Strength and Conditioning Research, p. 912-919.

Bangsbo, J (1994). The Physiology of Soccer – with special reference to intense intermittent exercise. www.bangsbosport.com.

Bangsbo, J (1994). Fitness Training in Football – a scientific approach. www.bangsbosport.com.

Bangsbo, J, Mohr, M, Krustrup, P (2006). Physical and metabolic demands of training and match-play in the elite football player. Journal of Sport Sciences, p. 665-674.

Bangsbo, J (2008). Aerobic and Anaerobic Training in Soccer. www.bangsbosport.com.

Bangsbo, J, Iaia, FM, Krustrup, P (2008). The Yo-Yo Intermittent Recovery Test: A useful tool for evaluation of physical performance in intermittent sports. Sports Medicine, p. 37-51.

Bangsbo, J, Iaia, FM, Krustrup, P (2008). Metabolic response and fatigue in soccer. International Journal of Sports and Physiological Performance, p. 111-127.

Bloomfield, J, Polman, R, O'Donoghue, PG (2007). Reliability of the Bloomfield Movement Classification. International Journal of Performance Analysis in Sports, p. 20-27.

Bradley, PS, Mohr, M, Bendiksen, M, Randers, MB, Flindt, M, Barnes, C, Hood, B, Andersen, JL, Di Mascio, M, Bangsbo, J, Krustrup, P (2010). Submaximal and maximal Yo-Yo Intermittent Endurance Test Level 2: Heart rate response, reproducibility and application to elite soccer. European Journal of Applied Physiology, p. 969-978.

Iaia, FM, Rampinini, E, Bangsbo, J. (2009). High intensity training in football. International Journal of Sports and Physiological Performance, p. 291-306.

Krustrup, P, Mohr, M, Amstrup, Rysgaard, T, Johansen, J, Steensberg, A, Pedersen PK, Bangsbo, J (2003). The Yo-Yo Intermittent Recovery Test: Physiological response, reliability and validity. Medicine and Science in Sports and Exercise, p. 695-705.

Krustrup, P, Mohr, M, Ellingsgaard, H, Bangsbo, J (2005). Physical demands during an elite female soccer game: Importance of training status. Medicine and Science in Sports and Exercise, p. 1242-1248.

Krustrup, P, Mohr, M, Steensberg, A, Bencke, J, Kjaer, M, Bangsbo, J (2006). Muscle and blood metabolites during a soccer game: Implications for performance. Medicine and Science in Sports and Exercise, p. 1165-1174.

Krustrup, P, Mohr, Nybo, L, Jensen, JM, Nielsen, JJ, Bangsbo, J (2006). The Yo-Yo IR2 test: Physiological response, reliability and application in soccer. Medicine and Science in Sports and Exercise, p. 1666-1673.

Krustrup, P, Zebis, M, Jensen, JM, Mohr, M (2010). Game-induced fatigue patterns in elite female soccer. Journal of Strength and Conditioning Research, p. 437-441.

Mohr, M, Krustrup, P, Bangsbo, J (2003). Match performance of high-standard soccer players with special reference to development of fatigue. Journal of Sport Sciences. p. 519-528.

Mohr, M, Krustrup, P, Bangsbo, J (2005). Fatigue in soccer: A brief review. Journal of Sport Sciences. p. 593-599.

Mohr, M, Krustrup, P, Andersson, H, Kirkendal, D, Bangsbo, J (2008). Match activities in elite women soccer players at different performance levels. Journal of Sport Sciences. p. 519-528.

Mujika, I, Spencer, M, Santisteban, J, Goiriena, JJ, Bishop, D (2009). Age related differences in repeated-sprint ability in highly trained youth football players. Journal of Sport Sciences, p. 1581-1590.

Randers, MB, Mujika, Hewitt, A, I, Santisteban, J, Bischoff, R, Solano, R, , Zubillaga, A, Peltola, E, Krustrup, P, Mohr, M (2010). Application of four different match analysis systems – A comparative study. Journal of Sports Sciences, p. 171-182.

Rostgaard, T, Iaia, FM, Simonsen, DS, Bangsbo, J (2008). A test to evaluate the physical impact on technical performance in soccer. Journal of Strength and Conditioning Research, p. 282-292.

Book of Abstracts, World Congress of Science and Football, Nagoya, Japan 2011.

Internet sides
www.soccerfitness.com
www.bangsbosport.com

专有名词中英文对照

Agility 灵敏

Arrowhead agility test 箭头灵敏性测试

Balance 平衡

Bench press 卧推

Coordination 协调性

Counter-movement jump 下蹲跳

Creatinephosphate 磷酸肌酸

Creative speed 创造性速度

Curved sprint test 变向冲刺测试

Endurance performance 耐力表现

Explosive performance 爆发力表现

Fatigue index 疲劳指数

Five-jump test 五连跳测试

Futsal 室内五人制足球

Heart rate 心率

 - Maximal 最大

 - Submaximal 次最大

Individual testing 个体测试

Intense intermittent exercise 高强度间歇训练

Lactate 乳酸

Linear sprint test 直线冲刺跑测试

Maximum oxygen uptake 最大摄氧量

Mid-season testing 赛季中测试

Muscles 肌肉

Peak speed 峰值速度

Planning 计划

Playing position 专项位置
Pre-season testing 准备期测试
Seasonal changes 赛季变化
Seasonal testing 赛季测试
Short dribbling test 短距离运球测试
Speed 速度
Squat test 下蹲测试
Strength 力量
Youth player 青少年球员
Yo-Yo intermittent endurance test Yo-Yo 间歇性耐力测试
Yo-Yo intermittent recovery test Yo-Yo 间歇性恢复测试

• 亚足联教练员培训指定教材

足球体能训练丛书

足球有氧与无氧训练
Aerobic and Anaerobic Training in Soccer
延斯·邦斯博著
Jens Bangsbo
C、B、A及职业级教练员培训教材

足球体能测试
Fitness Testing in Football
延斯·邦斯博
Jens Bangsbo
麦格尼·莫尔著
Magni Mohr
B、A及职业级教练员培训教材

足球运动与训练生理学
Exercise and Training Physiology
延斯·邦斯博著
Jens Bangsbo
A及职业级教练员培训教材

足球力量训练
Power Training in Football
延斯·邦斯博
Jens Bangsbo
杰斯帕·L.安德森著
Jesper L. Andersen
A及职业级教练员培训教材

足球个人体能训练
Individual Training in Football
延斯·邦斯博
Jens Bangsbo
麦格尼·莫尔著
Magni Mohr
A及职业级教练员培训教材

足球运动营养学
Nutrition in Football
延斯·邦斯博著
Jens Bangsbo
A及职业级教练员培训教材

版权声明

书名：Fitness Testing in Football

Copyright© Bangsbosport

All rights reserved. Except for use in a review, the reproduction or utilization of this work in any form or by any electronic, mechanical, or other means, now known or hereafter invented, including xerography, photocopying, and recording, and in any information storage and retrieval system, is forbidden without the written permission of the publisher.

版权合同登记号：图字01-2018-5217